Maria Montessori
10 Grundsätze des Erziehens

HERDER spektrum

Band 5198

Das Buch

Kinder fordern von Erwachsenen: „Hilf mir, es selbst zu tun." Das ist eine grundlegende Erkenntnis der großen Pädagogin. Sie ist heute aktueller denn je. Selbsterziehung des Kindes in frei gewählter Tätigkeit mit besonderen Arbeits- und Lernmitteln steht im Zentrum ihres Konzepts. Ingeborg Becker-Textor hat die aus ihrer Sicht 10 grundlegenden Prinzipien herausgefiltert, die im Erziehungsalltag mit Kindern zentral sind. Sie zeigt, wie sie Teil der eigenen Lebenseinstellung werden und Kinder stark machen fürs Leben. Der Alltag mit Kindern wird auf diese Weise einfacher und für alle Seiten angenehmer. Der praktische Überblick über die Grundgedanken Montessoris.

Die Autorin

Maria Montessori, 1870–1952, italienische Pädagogin und Ärztin. Begründerin der nach ihr benannten Montessori-Pädagogik. Bei Herder Spektrum: Kinder lernen schöpferisch: Die Grundgedanken für den Erziehungsalltag mit Kleinkindern. Lernen ohne Druck: Schöpferisches Lernen in Familie und Schule. Wie Kinder zu Konzentration und Stille finden. Wie Lernen Freude macht: Kinder richtig motivieren. Kinder, Sonne, Mond und Sterne: Kosmische Erziehung. Alle Bände sind herausgegeben von Ingeborg Becker-Textor.

Die Herausgeberin

Ingeborg Becker-Textor, geb. 1946, Kindergärtnerin mit Montessori-Diplom, Diplom Sozialpädagogin und Diplom-Pädagogin. Referatsleiterin im Bayerischen Staatsministerium für Arbeit und Sozialordnung, Familie, Frauen und Gesundheit. Zahlreiche Publikationen zur Kindergartenpädagogik und für Eltern.

Maria Montessori

10 Grundsätze des Erziehens

Herausgegeben von
Ingeborg Becker-Textor

Gedruckt auf umweltfreundlichem,
chlorfrei gebleichtem Papier

Originalausgabe

Alle Rechte vorbehalten – Printed in Germany
© Verlag Herder Freiburg im Breisgau 2002
www.herder.de
Herstellung: fgb · freiburger graphische betriebe 2002
www.fgb.de
Umschlaggestaltung und Konzeption:
R·M·E München / Roland Eschlbeck, Liana Tuchel
Umschlagfoto: © Mauritus
ISBN 3-451-05198-2

Für Özlem und Sahika in Erinnerung an Gretl

Inhalt

Vorwort 9

Maria Montessori – ihr Weg 13

Maria Montessori – ihre Methode 21

Zehn Grundsätze der Montessori-Pädagogik . 29
1 Freiheit 31
2 Die vorbereitete Umgebung 47
3 Der absorbierende Geist und die sensiblen Perioden 62
4 Das Kind als Baumeister des Menschen . . 71
5 Die Polarisation der Aufmerksamkeit ... 80
6 Lernen mit der Drei-Stufen-Lektion 88
7 Die Lektion der Stille 95
8 Isolierung einer Eigenschaft im Material – Begrenzung des Materials 106
9 Die neue Lehrerin 117
10 Die Natur in der Erziehung 130

Die Aufgabe der Eltern 143

Schlusswort 149

Literatur 151

Vorwort

Es ist wie eine Entdeckungsreise, wenn man in den Schriften und Vorträgen Maria Montessoris stöbert. Oft erscheinen ihre Ausführungen ganz selbstverständlich und wenig sensationell. Gleichzeitig zwingt sie die Leserin oder den Leser aber regelrecht dazu, das eigene Verhalten zu überprüfen. Sie macht deutlich, in welchem Zusammenhang das Verhalten des Kindes mit den Erziehungsmethoden des Erwachsenen steht.

Sie offenbart in immer neuen Facetten vom Kind und eröffnet dem Erwachsenen damit den Blick in die Geheimnisse der Kindheit.

Deshalb ist es unverzichtbar, dass sich Eltern und Pädagogen primär mit der Anthropologie beschäftigen. Wie sieht Maria Montessori das Kind? Was traut sie ihm zu? Wie entdeckt sie seine Fähigkeiten? Welche Anreize gibt sie dem Kind in der vorbereiteten Umgebung? Welche Bedeutung misst sie der Beobachtung bei? Welche Veränderungen erwartet sie im Verhalten des Erwachsenen? Wie führt sie das Kind ein in den Gebrauch ihrer Materialien? Warum legt sie so viel Wert auf Freiheit und Selbsttätigkeit?

Je mehr und je länger Sie sich mit den Schriften

Montessoris beschäftigen, desto häufiger werden Sie auf Wiederholungen stoßen, Beispiele, die sich nur um Nuancen unterscheiden. Und gerade diese feinen Unterschiede gilt es zu entdecken und herauszuarbeiten.

Eine Vielzahl von Prinzipien ziehen sich wie ein roter Faden durch die Pädagogik Maria Montessoris. Viele Eltern und Erzieher haben sie zu Prinzipien für ihren eigenen Erziehungsalltag ausgewählt. Sie stellen immer wieder fest, dass das, was sich so leicht liest, was so einleuchtend und überzeugend ist, in der Umsetzung zu einem Kraftakt werden kann. Maria Montessori fordert die neue Lehrerin: Der Begriff Lehrerin kann gleichgesetzt werden mit Erzieherin, Mutter, Vater – Menschen, die im Alltag mit Kindern zu tun haben und nicht unbedingt professionelle Pädagogen sein müssen.

In diesem Buch möchte ich Ihnen nun zehn Grundsätze darlegen, die wir bei Maria Montessori immer wieder finden. Ich weiß, dass eine solche Auswahl aus dem Gesamtwerk einer großen Pädagogin wie Maria Montessori schwierig ist und subjektive Entscheidungen mich bei der Auswahl geleitet haben. Vielleicht habe ich meine Auswahl deshalb so getroffen, weil bestimmte Gedanken Maria Montessoris mir in der pädagogischen Arbeit und auch in der Arbeit mit Eltern Wegbegleiter waren.

Vielleicht würden Sie als Leser oder Leserin andere Grundsätze auswählen. Dies steht Ihnen offen. Und dennoch glaube und hoffe ich, dass Sie durch die Gedanken in diesem Buch Zugang finden können zum Werk dieser großen Pädagogin, ihren außergewöhnlichen Sichtweisen vom Kind. Ihre Arbeiten geben Zeugnis von großer Sensibilität gegenüber den zerbrechlichen Seelen unserer Kinder.

Viel zu häufig wird Maria Montessori nur über die von ihr eingesetzten und entwickelten Materialien ins Gespräch gebracht und akzeptiert. Das ist zu wenig. Die Arbeit mit Montessori-Material setzt voraus, dass man sich mit ihrer Anthropologie beschäftigt hat und Zugang gefunden hat zu ihrer Lebensphilosophie und ihren Beobachtungsweisen im erzieherischen Feld.

Die Erziehungsgedanken Maria Montessoris lassen sich – zumindest teilweise – auch ohne Einsatz des nach ihr benannten Materials umsetzen. Eine optimale Ergänzung sind natürlich die Montessori-Materialien, weil sie auf den Grundprinzipien wie Freiheit, Selbsttätigkeit usw. aufbauen und Lernprozesse ganz wesentlich positiv beeinflussen.

Hingegen nützt der Einsatz des Materials nicht, wenn z. B. die Haltung gegenüber dem Kind autoritär, bestimmend oder nur fordernd ist. Das Kind steht neben dem Erwachsenen, ist quasi gleichberechtigt. Es fordert: „Hilf mir, es selbst zu tun." Das Kind sagt also ganz deutlich, dass es keine Einmischung oder aktive Hilfe will. Es will nur, dass der Erwachsene ihm Hilfestellung gibt, Brücken baut, damit es eine Aufgabe und letztlich sein Leben selbst bewältigen und meistern kann. Wie schwer dies ist, werden Sie sicher im erzieherischen Alltag häufig erleben.

Das Kind ist Baumeister seines Selbst. Viele Kräfte

schlummern in ihm, die es zu entwickeln bereit ist. Das Kind ist also kein Trichter, durch den man etwas in es hineinschüttet oder, wie Montaigne sagte: „Das Kind ist keine Flasche, die man füllen muss, sondern ein Feuer, das entzündet werden muss!"

Verstehen wir also den Erwachsenen und sein Handeln als das Zündholz und beobachten dann, wie sich das Kind entwickelt in einer Umgebung, die durch uns Erwachsene vorbereitet wird. Wir werden so zu Lebensbegleitern für das Kind.

Ganz präzise beschreibt Montessori das Ziel für das frühe Kindesalter: „Unser erzieherisches Ziel für das frühe Kindesalter muss darin bestehen, der Entwicklung behilflich zu sein und nicht Bildung zu vermitteln. Deshalb müssen wir warten, bis sich die beobachtende Aktivität entfaltet, nachdem wir dem Kind das zur Entwicklung der Sinne geeignete Material vorgelegt haben" (Maria Montessori in „Die Entdeckung des Kindes", S. 190, Freiburg 1969).

Nach einem kurzen Blick auf das Leben Maria Montessoris möchte ich Sie an meine zehn wichtigsten Grundsätze heranführen, die ich in vielen Jahren der Beschäftigung mit der Pädagogik Maria Montessoris als bedeutsame „Helfer" erlebt habe.

Wenn Sie als Montessori-Kenner dieses Buch lesen, dann ärgern Sie sich bitte deshalb nicht, wenn Sie einen Ihnen besonders wichtigen Grundsatz vielleicht nicht finden.

Maria Montessori – ihr Weg

• • • ●

Maria Montessori wurde 1870 in Chiavavalle bei Ancona geboren. Sie war noch ein Kind, als sie mit ihrer Familie nach Rom zog. Schon als junges Mädchen gelang es ihr, die Regeln der Welt, in der sie sich bewegte, soweit zu umgehen, dass sie für sich einiges verändern konnte. So schloss sie im Frühling 1886 die technische Schule mit sehr guten Noten in allen Fächern ab. Sie begann moderne Sprachen und Naturwissenschaften zu studieren, interessierte sich aber auch ganz besonders für Mathematik. Den Plan, Ingenieur zu werden, gab sie auf und lenkte ihr besonderes Interesse auf die Bereiche Biologie und Medizin. Sie wurde die erste Frau in Italien, die Medizin studierte und als erste Frau zum Doktor med. promovierte (1896). Für diese Entscheidung erfuhr sie wenig Verständnis in ihrer Umgebung.

Rita Kramer schreibt in einer Biographie über Maria Montessori: „In Interviews, die Maria Montessori etwa 20 Jahre später gab, soll sie gesagt haben, sie habe an den Papst appelliert, und seinem Eingreifen zu ihren Gunsten sei es zu verdanken, dass ihr gestattet wurde, Medizin zu studieren. Ein zurzeit ihres ersten Amerikabesuchs veröffentlichter Artikel besagt, ‚es war dem verstorbenen Papst Leo VIII. zu verdanken, dass sie als erste Frau an der Medizinischen Fakultät in Rom aufgenommen wurde', und sie soll gesagt haben: ‚Es gab viel Opposition. Leo sagte zu mir, er glaube, die Medizin sei ein nobler Beruf für eine Frau.' Und in einem ähnlichen Bericht in anderen Zeitungen in jener Zeit hieß es: ‚Schließlich gab Papst Leo VIII. eine Erklärung ab, in der er sagte, der beste Beruf, in den eine Frau eintreten könne, sei die Medizin, und dies machte den Protesten ein Ende'."

Von 1896 bis 1898 arbeitete Maria Montessori als Assistenzärztin in der Kinderabteilung der Psychiatrischen Universitätsklinik in Rom, bis 1900 dann als Direktorin eines Heilpädagogischen Instituts. Da sie in der Klinik auch viele geistig behinderte Kinder behandelte, versuchte sie alle mögliche Literatur über behinderte Kinder zu lesen und entdeckte bald die Werke von Itard und Séguin. Der Inhalt dieser Schriften beeinflusste ihren künftigen Lebensweg und ihr Lebenswerk. Sie erkannte schon bald, dass man vielen Kindern in den Krankenhäusern nicht helfen konnte, sondern dass es nötig war, sie in Schulen und Kindergärten auszubilden. So lenkte Maria Montessori ihre Aufmerksamkeit auf die Erziehungswissenschaften und begann im Wintersemester 1897 erste Pädagogikvorlesungen an der Universität zu besuchen. So kam sie in den Kontakt mit den Schriften von Pestalozzi und Fröbel, beschäftigte sich mit Rousseaus Emile und entdeckte viele Bausteine, die sie in der Art einer Synthese in ihrer späteren pädagogischen Arbeit zusammenführte.

Maria Montessori erzielte große Erfolge in der Arbeit mit Kindern, denn es war ihr gelungen, die erzieherischen Aufgaben mit den medizinischen zu verbinden. So war es nicht verwunderlich, dass man in Rom schon bald auf ihre Arbeit aufmerksam wurde und ihr einen Lehrauftrag für Anthropologie übertrug sowie die Leitung einer Schule für „Schwachsinnige". Je länger sie sich mit behinderten Kindern beschäftigte, desto größer wurde ihr Interesse an der allgemeinen Pädagogik. So ergänzte sie ihre medizinische Ausbildung durch weitere Studien der Psychologie und Pädagogik. Auf jeden Fall wollte sie die Arbeit mit normalen Kindern kennen lernen. Eine Gelegenheit dazu bot sich ihr im ersten Kinderhaus im römischen Elendsviertel San Lorenzo, das im Jahr 1907 eröffnet wurde. Hier versammelte man unbeaufsichtigte Kinder, damit sie in den Wohngebäuden und -anlagen keine Zerstörungen mehr anrichten konnten. So hatte Maria Montessori die Gelegenheit, ihre bisherigen Erfahrungen in der Arbeit mit Kindern weiter zu erproben und vor allem auch die Wirkung zu überprüfen. In ihren späteren Vorträgen kommt sie immer wieder auf diese Erfahrungen zurück und bezeichnet sie als die großen Entdeckungen, die sie in der Arbeit mit Kindern gemacht hätte.

Bereits im Jahr 1909 vermittelte sie ihre Erfahrungen in einem ersten internationalen Kurs zur Einführung in die Montessori-Pädagogik. Wenige Jahre später unternahm sie die ersten Vortragsreisen, hielt Kurse in Europa, Nord- und Südamerika, Indien usw. Ihre ersten Bücher wurden veröffentlicht und weltweit mit großem Interesse aufgenommen.

Der Harvard-Professor Henry W. Holms schrieb in dem Vorwort einer amerikanischen Ausgabe 1913: „Seit Jahren ist kein pädagogisches Dokument von einem so großen Publikum so begierig erwartet worden, und nur wenige haben die allgemeine Hoffnung mehr verdient ... Wir kennen kein anderes Beispiel eines – zumindest in seiner systematischen Ganzheit und in seiner praktischen Anwendung originellen – Erziehungssystems, das von weiblichem Geist und weiblicher Hand ausgearbeitet und in Gang gesetzt worden ist ... Es entspringt einer Kombination von weiblichem Mitgefühl und Intuition, breit fundierten sozialen Ansichten, wissenschaftlicher Ausbildung, intensivem und über lange Zeit durchgeführtem Studium pädagogischer Probleme und, um alles zu krönen, verschiedenartigen Erfahrungen als Lehrerin und führende Pädagogin. Keine andere Frau, die sich mit dem gleichen Problem befasst hat wie Dr. Montessori – der Erziehung von kleinen Kindern –, hat dafür eine so reichhaltige und verschiedenartige persönliche Vorbildung mitgebracht wie sie. Diese Voraussetzungen hat sie außerdem mit einer Begeisterung und einer absoluten Hingabe wie der Pestalozzis und Fröbels in ihre Arbeit eingebracht, und sie legt ihre Überzeugungen mit einem apostolischen

Feuer dar, das Beachtung verlangt" (Rita Kramer S. 202ff). Nicht überall wurden Maria Montessoris Gedanken und Ideen jedoch kritiklos akzeptiert. William Heard Kilpatrick von der Columbia University, ein Schüler des bekannten Pädagogen Dewey, vertrat die Auffassung, man müsse den Kindern mehr Freiheit verschaffen und er bezeichnete ihre Materialien als „magere Kost", die „einzigartig wenig Abwechslung" böten. Weiter vertrat er die Auffassung, dass ein normales Kind sich beim Umgang mit diesen Materialien wohl bald langweilen würde. Als Redner auf der Konferenz der Internationen Kindergarten-Vereinigung 1913 vertrat Kilpatrick die Auffassung: „Abgesehen von den Case dei Bambini seien Maria Montessoris Ideen lauter veraltete Ableitungen von der Funktion der Schule und abhängig von einem Satz allzu begrenzter mechanischer Vorrichtungen. Sie habe den Geist, aber nicht die Inhalte der modernen Wissenschaft. Das Fehlen des freien Spielens und der Geschichten sei ein beklagenswerter Mangel. Die Montessori-Materialien basierten auf einer so irrigen Psychologie, dass wir demgemäß den Apparat selbst ablehnen müssen" (Rita Kramer S. 280). Ähnliche Kritikpunkte finden wir noch heute, insbesondere von Personen, die sich ausschließlich mit den Materialien, aber nicht mit der anthropologischen Sichtweise Maria Montessoris beschäftigen.

Als Maria Montessori fast 50 Jahre alt war, sagte sie von sich: „Ich weiß nicht, was ich tun soll, es ist so viel zu tun, und niemand arbeitet jemals mit mir zusammen. Entweder akzeptieren sie, was ich sage, und bitten um mehr, oder sie verschwenden kostbare Zeit mit Kritik. Was ich heute will, ist eine Gruppe von Kollegen, von Forschern, die überprüfen, was ich schon getan habe, meine Grundsätze soweit anwenden, die ich gegangen bin, aber nicht in einem Geist des Widerspruchs, sondern als reines Experiment. Dann können sie mir mit konstruktiver Kritik helfen, hinterher, nicht im Voraus. Ich habe noch nie jemand gehabt – der von meinen eigenen vorherigen Kenntnissen hätte ausgehen können –, der in wissenschaftlicher Selbstständigkeit Schulter an Schulter mit mir gearbeitet hätte. Heute, da Ärzte und Psychologen beginnen, sich für normale Kinder zu interessieren, werden mir vielleicht einige von ihnen helfen. Im Augenblick bin ich in einer Art Isolierung, die das Letzte ist, was ich mir wünsche" (Rita Kramer S. 319).

Überall wo Maria Montessori zu ihren Vorträgen auftauchte, erlebte sie Bewunderung, Akzeptanz, Beifall und Verständnis. Nur unter ihren „wissenschaftlichen" Kollegen schien sie mehr Neider als Freunde zu haben. Lange Zeit lebte Maria Montessori in Barcelona in Spanien. 1949 zog sie nach Holland und verstarb dort 1952 in Noordwijk an Zee. Dort ist sie auch begraben, denn sie wollte dort begraben sein, wo sie sterben würde.

Die Londoner Times schrieb zum Tod Maria Montessoris: „Die endgültige Beurteilung des Systems wird möglicherweise nicht so sehr davon abhängen, wie weit es in den Schulen als Ganzes akzeptiert worden ist, sondern davon, in welchem Maß seine Grundsätze ins allgemeine Bewusstsein der Menschheit aufgenommen worden sind."

Montessoris Wegbegleiter und Lehrmeister war ihr Sohn Mario Montessori. In ihrem Testament spricht sie von ihm ganz einfach als mio figlio – mein Sohn. In ihrem Testament heißt es: „Im Hinblick auf all meinen Besitz erkläre ich, dass er materiell und geistig meinem Sohn gehört ... Ebenso gehören ihm von Rechtswegen alle Früchte meiner geistigen und sozialen Arbeit, denn ich habe sie mit ihm als Inspiration unternommen und mit seiner ständigen Unterstützung von der Zeit an, als er fähig wurde, in der Welt zu handeln, wo er sein Leben völlig der Aufgabe geweiht hat, mir bei meiner Arbeit zu helfen."

Maria Montessori – ihre Methode

• • • ●

Maria Montessori hat ganz klare Vorstellungen über die Methoden der Erziehung. In ihren Vorträgen macht sie hierzu umfassende Ausführungen, um so Erziehern, Lehrern und Eltern den Weg zum richtigen Handeln im Erziehungsalltag zu zeigen. Auch wenn uns ihre Sprache heute blumig und beschreibend erscheint, so sind ihre Gedanken aktueller denn je und können uns im Erziehungsalltag nur unterstützen.

So sagt sie Allgemeines über ihre Methode:
„Früher war es das ausschließliche Ziel der Erziehung, auf das alle ihre Anstrengungen gerichtet waren, das Kind für das soziale Leben, das es einmal zu führen hätte, vorzubereiten. Deshalb war man vor allem darauf bedacht, dass es die Erwachsenen nachahme, man zwang es, die schöpferischen Kräfte seines Geistes unter dem Nachahmungstrieb zu ersticken, man lehrte es vorzugsweise, was zu wissen für unentbehrlich gehalten wurde, um in der zivilisierten Welt zu leben. Diese völlige Angleichung an eine Form des sozialen Lebens, das nicht das natürliche Leben der Kinder ist und welches erst dann das

ihre ist, wenn sie erwachsen sind, führte dazu, dass das Kind in der alten Schule und in der alten Form der Familienerziehung nicht nach seinem wahren Wesen eingeschätzt wurde. Das Kind war nur eine ‚Zukunft', es stellte nur ein ‚Werden' dar, deshalb zählte es nicht, bis es ein Erwachsener geworden war.

Und doch ist das Kind – wie alle menschlichen Wesen – eine freie Persönlichkeit. Es trägt in sich die Schönheit und die Würde des schöpferischen Geistes, die durch nichts verwischt werden können, und seine reine und empfängliche Seele bedarf unserer zartesten Fürsorge. Wir dürfen uns nicht nur mit seinem wunderbaren kleinen Leib beschäftigen, und wir dürfen nicht nur daran denken, ihn mit aller Sorgfalt zu nähren, zu waschen und zu kleiden. Der Mensch lebt auch in seiner Kindheit nicht vom Brot allein, und die materiellen Dinge sind zweitrangig und können den Menschen in jedem Lebensalter verderben. Beim Kind begünstigen Sklaverei und Nichtigkeit wie bei allen Menschen die niederen und gemeinen Gefühle.

Die soziale Umgebung, die wir für uns geschaffen haben, passt nicht für das Kind, es versteht sie nicht; also steht es ihr gezwungenermaßen fern, und da es sich unserer Gesellschaft, von der es ausgeschlossen ist, nicht anpassen kann, wird es der Schule anvertraut, die dann oft zu einem Gefängnis wird. Wir sind uns heute bereits klar über die verhängnisvolle Wirkung der Schule, in der man mit den alten Methoden unterrichtet. Die Kinder leiden darunter nicht nur körperlich, sondern auch moralisch. Das Problem der

Erziehung und des Charakters ist von der Schule bisher vernachlässigt worden.

Übrigens herrscht auch innerhalb der Familie der gleiche Grundirrtum: Man denkt ausschließlich an die Zukunft des Kindes, seine künftige Existenz – und man achtet fast niemals auf die Gegenwart, das heißt, auf die Dinge, deren es bedarf, um in seiner Altersstufe zu leben ... Unter allen Bedürfnissen des Kindes vernachlässigt man das menschlichste: die Ansprüche seines Geistes, seiner Seele. Der Mensch im Kinde bleibt uns verborgen. Wir sehen nur alle Anstrengungen und alle Energie, deren es bedarf, um sich vor uns – den Erwachsenen – zu schützen: Schreien, Weinen, Launenhaftigkeit, Schüchternheit, Ungehorsam, Lüge, Selbstsucht, Zerstörungswut. Außerdem begehen wir damit aber den noch größeren Irrtum, Verteidigungsmittel als die Wesenszüge des kindlichen Charakters anzusehen. Wir halten es dann für unsere ernste Pflicht, sie mit äußerster Strenge auszumerzen, mit einer Härte, die sich manchmal zu Züchtigungen hinreißen lässt ... Wir wissen wohl alle, dass das Alter des Ausbaues das wichtigste im Leben ist: Eine moralische Unterernährung, eine Vergiftung des Geistes in dieser Zeit sind daher ebenso verhängnisvoll für den künftigen Menschen, wie eine Unterernährung des Embryos für die künftige Gesundheit des Körpers. So ist die Erziehung der Kleinen das wichtigste Problem der Menschheit ... Wenn wir die Mühe, die wir auf das Kind verwenden, um ihm eine Welt, eine geeignete

Umgebung zu schaffen, als unbedingte und dringende Notwendigkeit betrachten, dann vollenden wir ein großes Werk zum Nutzen der Menschheit.

Das Kind kann in der komplizierten Welt des Erwachsenen kein ihm gemäßes Leben führen.

Mit seiner ständigen Beaufsichtigung, seinen unausgesetzten Ermahnungen und seinen willkürlichen Befehlen stört und hindert der Erwachsene die Entwicklung des Kindes. Alle aufkeimenden guten Kräfte werden erstickt, nur eines bleibt dem Kind: der heftige Wunsch, sich möglichst von allem und von allen zu befreien. Geben wir also die Rolle des Kerkermeisters auf und bemühen wir uns stattdessen, ihm eine Umgebung zu schaffen, in der man, soweit es irgend möglich ist, darauf verzichtet, es mit Überwachung und Belehrung zu ermüden. Je vollkommener die Umgebung dem Kinde entspricht, desto mehr kann die Tätigkeit des Belehrenden zurücktreten. Jedoch darf man einen wichtigen Grundsatz nicht vergessen:

Die Freiheit des Kindes kann nicht darin bestehen, dass wir es „sich selbst überlassen" oder es gar vernachlässigen ... Wenn wir die Umgebung des Kindes sorgfältig vorbereiten, so ist dies schon eine große Aufgabe, da es sich darum handelt, eine neue Welt zu schaffen: Die Welt der Kinder.

Kaum sind die kleinen Gegenstände, die die Kinder wirklich gebrauchen können, vorbereitet, so ordnet sich ihre Tätigkeit in verblüffender Weise. Ihre Willenskraft leitet ihre Bewegungen, sie können ohne

Gefahr auf sich selbst gestellt sein, da sie wissen, was sie wollen. Im Kinde lebt ein Bedürfnis, sich zu betätigen, das vielleicht größer ist als dasjenige, sich zu nähren, aber wir erkennen es nicht, weil bis jetzt das geeignete Betätigungsfeld gefehlt hat. Geben wir ihm dieses, so wird aus einem kleinen, unbefriedigten Quälgeist ein fröhlicher Arbeiter. Der sprichwörtliche Zerstörer wird zum sorgsamen Hüter der ihn umgebenden Dinge. Das lärmende, ungeordnete Kind verwandelt sich in ein ruhiges, sehr geordnetes. Fehlen dem Kind die geeigneten äußeren Mittel, so kann es von den großen Energien, die die Natur ihm verliehen hat, keinen Gebrauch machen. Und doch hat es den instinktiven Drang nach einer Tätigkeit, die alle seine Kräfte in Anspruch nimmt – denn nur so kann es seine Fähigkeiten vervollkommnen. Alles hängt davon ab.

Heute weiß man fast überall etwas über das ‚Haus der Kinder' und fertigt schon einfache und praktische Gegenstände an, deren Zweck es ist, der geistigen Entfaltung des Kindes zu dienen. Hier sind kleine, hübsche Möbel in lebhaften Farben, so leicht, dass sie umfallen, wenn sie angestoßen werden, und die Kleinen können sie bequem von der Stelle rücken. Ihre lichte Farbe zeigt sofort alle Flecken: So wird der Schaden gleich entdeckt und mit ein wenig Wasser und Seife schnell wieder beseitigt. Jedes Kind kann seinen Platz wählen und sich alles so zurechtrücken, wie es ihm gefällt; aber da diese Möbel leicht sind, verraten sie jede ungeschickte Bewegung durch ein Geräusch. So lernt das Kind auf die Bewegungen seines Körpers zu achten. Es gibt dort auch hübsche zerbrechliche Gegenstände aus Glas und Porzellan. Lässt das Kind einen dieser Gegenstände fallen, zerbricht er und geht damit für immer verloren – so ist der Kummer bei dem Verlust die empfindlichste Strafe. Was ist das für ein Schmerz, der Verlust eines geliebten Gegenstandes? Wer fühlt sich nicht getrieben, ein Kind zu trösten, dass ganz rot und weinend vor einem zerbrochenen Gefäß steht. Das Kind wird beim Tragen zerbrechlicher Gegenstände von nun an all seinen Willen anspannen, um die Bewegungen seines Körpers in der Gewalt zu haben.

Die Umgebung selbst hilft ihm, sich ständig zu verbessern, da, wenn jeder kleinste Fehler sich von selbst enthüllt, die Lehrerin nicht einzugreifen braucht, sie kann bei all diesen kleinen Begebenheiten Zuschauerin bleiben. Nach und nach wird es dem Kinde so vorkommen, als höre es die Stimme der Gegenstände, die in ihrer stummen Sprache reden und auf die kleinen Fehlleistungen hinweisen: „Pass doch auf, siehst du nicht, ich bin das Tischchen, ich bin ganz glatt lackiert, beschmutze mich nicht, mach mich nicht fleckig!" Aber auch in der Schönheit der Gegenstände und der Umgebung liegt ein steter Ansporn für das Kind, tätig zu sein und seine Bemühungen zu verdoppeln. Darüber sollen alle Gegenstände anziehend sein, die Staubtücher sollen bunt sein, die Besen ebenso, und die kleinen Bürsten sind genauso anziehend wie die kleinen runden oder rechteckigen Seifenstücke. Aus allen diesen Gegenständen muss eine Stimme heraustönen, die dem Kind zuruft:

„Komm, rühr mich an, gebrauche mich!" – „Siehst du es? Ich bin das bunte Staubtuch, wische den Staub vom Tischchen!" – „Und ich bin der kleine Besen. Nimm mich in dein Händchen und kehre."

Kommt ihr lieben Händchen, taucht ins Wasser und nehmt die Seife! So zieht die Schönheit der Gegenstände das Kind überall an und dringt in die Tiefe seines Gefühls ein. Nicht die Lehrerin ist es, die zu dem ihr anvertrauten Kinde sagt: „Karl, fege aus!" – „Hans, wasch dir deine Hände!" Jedes kleine Kind, das sich selber genügen kann, dass seine Schuhe und Kleider allein an- und ausziehen kann, spiegelt in seiner Freude und Fröhlichkeit einen Abglanz menschlicher Würde wider. Denn die menschliche Würde entspringt dem Gefühl der eigenen Unabhängigkeit.

Die Freude, die die Kleinen beim Arbeiten empfinden, lässt sie alles mit fast übermäßiger Begeisterung vollbringen. Sie polieren eine Türklinke immer wieder, bis sie spiegelblank ist, ja selbst einfachere Arbeiten wie das Staub wischen oder fegen machen sie mit einer gewissen Übertreibung. Das, was sie anspornt, ist offenbar nicht das Erreichen eines gesteckten Zieles allein, sondern die Verwertung latenter Energien, und diese bestimmen auch die Dauer ihrer Tätigkeit" (Dem Leben helfen, S. 34 ff).

In diesen Ausführungen zu ihrer Methode macht uns Maria Montessori deutlich, dass wir den Blick auf das Kind verändern müssen. Sie betrachtet das Kind nicht als ein unvollkommenes, sondern als ein vollkommenes Wesen, als eine eigenständige, freie Persönlichkeit. Von diesem Ausgangspunkt aus muss sich natürlich der Umgang mit dem Kind wandeln. Hier nimmt sie den Erwachsenen in die Pflicht, indem sie ihm sagt, wie wichtig das Vorbereiten der Umgebung ist. Hier hat der Erwachsene zu handeln und für das Kind Sorge zu tragen. Gleiches gilt für die Gestaltung des Alltagslebens, Kleidung, Essen, Bewegung usw.

So ist es wichtig, dass wir uns zuerst mit ihrer Methode beschäftigen, bevor wir unsere Erziehungsziele formulieren. Sie werden dann anders sein, werden dem Kind die notwendige Freiheit einräumen und ihm den Weg bereiten zur Selbsttätigkeit und Selbständigkeit. Diese Wegbereitung ist ein schwieriges Unterfangen für den Erwachsenen. Viel einfacher ist es, sich einzumischen, das Kind zu kritisieren, ihm Vorgaben zu machen oder es zu gängeln.

Mit der methodischen Vorgehensweise Maria Montessoris wird es gelingen, die verborgenen Kräfte und „Schätze" im Kind zu heben und es dadurch zu fördern.

Zehn Grundsätze der Montessori-Pädagogik

• • • •

Auf die spontane Frage: Was sind zehn wichtige Grundsätze oder Prinzipien der Montessori-Pädagogik? antwortet man sehr schnell. Fast immer bekommt Platzziffer 1 der Begriff Freiheit. Freiheit, Selbsttätigkeit, Selbstständigkeit, Konzentration, Stille, sensible Perioden usw. Es erstaunt, dass Freiheit so hervorgehoben wird, wo wir doch alle heute von einer demokratischen Erziehung ausgehen, die dem Kind freie Entfaltung ermöglicht und nicht Zwänge und Befehle auferlegt, wie wir sie aus autoritären Erziehungsstrukturen kennen. Ganz so selbstverständlich scheint es dennoch mit dem Prinzip Freiheit nicht zu sein.

Ähnlich beim Grundsatz der Selbsttätigkeit. Gängeln und bevormunden ist viel leichter, als ein Kind zur Selbsttätigkeit zu führen. Dies kann nur gelingen, wenn die Erzieherin, die Mutter, der Vater, sich zurücknehmen kann.

Konzentration erhoffen und erwarten wir von den Kindern. Dass wir als Erwachsene aber häufig die „Zerstörer" der Konzentration sind, wollen wir nicht wahrhaben oder es ist uns nicht bewusst. Gerade durch unser oft überflüssiges Lob stören wir das Kind, das in eine Aktivität versunken ist.

Was möchte ich Ihnen mit diesen Beispielen sagen? Was jeder für seine wichtigsten Grundsätze oder Prinzipien auswählt, ist geprägt von Subjektivität. Unsere Erziehungsvorstellungen und Werthaltungen bestimmen die Schwerpunktsetzung.

So darf ich Sie nun einladen, mit mir gemeinsam einen Blick auf zehn ausgewählte Prinzipien zu werfen. Anhand von Texten und Aussagen Montessoris will ich versuchen, die jeweilige Bedeutung für die Erziehung und die Entwicklung des Kindes darzustellen.

1 Freiheit

Was besagt der Begriff Freiheit? Versuchen wir der Bedeutung des Wortes nachzugehen, stellen wir fest, dass die Germanen aus der Bedeutung der indogermanischen Wurzel „Frei" einen Begriff der Rechtsordnung entwickelt haben: „‚Zu den Lieben gehör ich' und daher ‚geschützt' sind die eigenen Sippen- und Stammesgenossen, die Freunde; sie allein stehen ‚frei', das heißt, vollberechtigt in der Gemeinschaft, im Gegensatz zu den fremdbürtigen Unfreien. Dieser verantwortlich-soziale Begriff wandelte sich im historischen Ablauf ... Aus ihm ergibt sich der Gedanke der äußeren politischen wie der inneren geistig-seelischen Freiheit und weiter die allgemeine Anwendung des Adjektivs im Sinne von „nicht gebunden, unbelastet, unabhängig, nicht beengt oder bedeckt'" (Duden Herkunftswörterbuch, Mannheim/Wien/Zürich, 1963, S. 184).

Interessant, die Geschichte unserer deutschen Wörter, ihr Ursprung und ihre Verwendung bis heute. Freiheit bei Montessori rückt mit dieser Wortanalyse noch einmal in ein ganz anderes Licht. Unabhängig, unbelastet, nicht beengt, das bedeutet Freiheit. Möglicherweise hat sich Maria Montessori bei der Auswahl so mancher Begriffe auch an den Ursprung der Wörter erinnert und diese somit umfassend treffend ausgewählt. Wie sieht es nun aus, wenn wir Disziplin mit Freiheit in Bezug setzen? Besteht da nicht Gefahr, dass wir die Freiheit des Kindes einengen? Montessori führt dazu aus:

„Hier haben wir einen weiteren Einwand, den die Jünger der gewöhnlichen Schule gern vorbringen. Wie lässt sich Disziplin in einer Klasse erreichen, in der sich die Kinder frei bewegen können?

Gewiss haben wir bei unserem System einen anderen Begriff von Disziplin. Auch Disziplin muss aktiv sein. Es ist nicht gesagt, dass ein Mensch nur dann diszipliniert ist, wenn er künstlich so still wie ein Stummer und so unbeweglich wie ein Gelähmter geworden ist. Hier handelt es sich um einen geduckten und nicht um einen disziplinierten Menschen.

Wir nennen einen Menschen diszipliniert, wenn er Herr seiner selbst ist und folglich über sich selbst gebieten kann, wo es gilt, eine Lebensregel zu beachten.

Dieser Begriff von aktiver Disziplin lässt sich weder leicht verstehen noch leicht in die Tat umsetzen, doch er beinhaltet sicherlich ein hohes erzieherisches Prinzip, das sich vom absoluten und bedingungslosen Zwang zu Unbeweglichkeit grundlegend unterscheidet.

Die Lehrerin muss eine besondere Technik anwenden, um das Kind auf einen solchen Weg der Disziplin zu führen, den es dann sein ganzes Leben lang weitergehen soll, unaufhörlich der Vollkommenheit entgegenschreitend. Genauso wie das Kind, wenn es lernt, sich zu bewegen, anstatt still zu sitzen, sich nicht für die Schule, sondern für das Leben vorbereitet, damit aus ihm auch in seinen gewöhnlichen sozialen Äußerungen ein durch Gewohnheit und Praxis korrekter Mensch wird, genauso gewöhnt es sich nunmehr an eine nicht auf die Umgebung der Schule begrenzte, sondern auf die Gesellschaft erweiterte Disziplin.

Die Freiheit des Kindes muss als Grenze das Gemeinwohl haben, als Form darauf, was wir als Wohlerzogenheit bei seinen Manieren und seinem Auftreten bezeichnen. Wir müssen also dem Kind all das verbieten, was die anderen kränken oder ihnen schaden kann oder was als unschickliche oder unfreundliche Handlung gilt. Doch alles andere – jede Äußerung, die einen nützlichen Zweck, ganz gleich in welcher Art und Form verfolgt – soll ihm nicht nur erlaubt, sondern soll auch vom Lehrer beobachtet werden: Hier liegt der wesentliche Punkt. Seine wissenschaftliche Schulung sollte dem Lehrer nicht nur die Fähigkeit zur Beobachtung von Vorgängen in der Natur, sondern auch das Interesse daran vermitteln. In unserem System muss er sehr viel stärker ‚Geduld' als ‚Aktivität' aufbringen. Seine Geduld wird aus gespannter wissenschaftlicher Neugier und aus Respekt vor dem Vorgang, den er beobachten will, bestehen. Der Lehrer muss seine Stellung als Beobachter verstehen und empfinden.

Es ist zweckmäßig, dieses Kriterium auf die Schule der Kleinsten, die ihre ersten psychischen Lebensäußerungen entfalten, zu übertragen. Sie können nicht wissen, welche Folgen eine unterdrückte spontane Handlung hat, wenn das Kind gerade erst zu handeln beginnt; vielleicht unterdrücken wir das Leben selbst. Die Menschlichkeit, die sich in ihrem geistigen Glanz im zarten und kindlichen Kindesalter offenbart wie die Sonne im Morgengrauen und die Blume beim ersten Sprießen der Knospen, sollte mit religiöser Verehrung respektiert werden. Eine erzieherische Maßnahme ist nur dann wirksam, wenn sie der vollen Entfaltung des Lebens Hilfe leistet.

Hierbei sind die Verhinderungen von spontanen Bewegungen und das Aufzwingen von Handlungen durch andere unbedingt zu vermeiden, es sei denn, es handle sich um unnütze oder schädliche Handlungen, die unterdrückt und ausgerottet werden müssen ... Der Begriff von Freiheit kann beim Kind nicht so einfach sein wie bei Pflanzen, Insekten usw., auf deren Beobachtung wir hingewiesen haben. Denn das Kind ist im Zeichen der Ohnmacht, in der es geboren wird, als soziales Individuum von Bindungen umgeben, die seine Aktivität einschränken.

Eine auf Freiheit gegründete Erziehungsmethode muss darauf abgestellt sein, dem Kind zu helfen, eben diese Freiheit zu erobern, und muss die Loslösung des Kindes von den Bindungen bezwecken, die seine spontanen Äußerungen einschränken. Nach und nach, während das Kind auf diesem Weg weiterschreitet, werden seine spontanen Äußerungen in ihrem Wahrheitsgehalt leichter durchschaubar und enthüllen sie seine Natur.

Deshalb sollte die erste Form des erzieherischen Eingreifens darauf gerichtet sein, das Kind auf dem Weg zur Unabhängigkeit zu führen.

Man kann nicht frei sein, wenn man nicht unabhängig ist; deshalb müssen die aktiven Äußerungen von persönlicher Freiheit vom zartesten Kindesalter an gelenkt werden, um zur Unabhängigkeit zu führen. Sowie sie entwöhnt sind, begeben sich unsere Kleinen auf den gefahrvollen Weg der Unabhängigkeit ...

Wer bedient wird, statt dass man ihm hilft, nimmt im gewissen Sinne an seiner Unabhängigkeit Schaden. Folgender Begriff ist die Grundlage der menschlichen Würde: ‚Ich will mich nicht bedienen lassen, weil ich nicht ohnmächtig bin, aber wir müssen uns gegenseitig helfen, weil wir gesellige Wesen sind'; dies müssen wir erringen, bevor wir uns wirklich frei fühlen" (Die Entdeckung des Kindes, S. 56 ff).

Im Sinne Montessoris ist die Notwendigkeit einer gewissen Disziplin somit die Chance, Freiheit zu erreichen und zu leben. Sie spricht auch nicht von grenzenloser Freiheit, sondern zieht ganz bewusst die Grenze bei der Gefährdung des Gemeinwohls.

Was wäre Freiheit ohne Grenzen? Um Freiheit wirklich ausleben zu können, müssen Kinder wissen, wie weit sie gehen können, was sie sich zumuten können. Ein häufiger Kritikpunkt an der Pädagogik Maria Montessoris war und ist, dass man glaubt, dass durch die Grenzen des von ihr eingesetzten Materials die Freiheit eingeschränkt würde. Freiheit wird oft vermischt mit Abwechslung. Freiheit bezieht sich aber auf das Denken und Handeln des Kindes. Durch das Aktivsein kann es Freiheit ausleben und irgendwann auch an seine Grenzen kommen. Ohne Grenzen wäre Freiheit langweilig, würde zerfließen, wäre nicht fassbar und nicht erlebbar.

Immer wieder lesen wir bei Maria Montessori, dass Freiheit und freie Aktivität das Kind glücklich machen würden.

„Freie Aktivität macht das Kind glücklich, wir sehen, wie glücklich es ist. Aber wichtig ist nicht die Tatsache, dass es glücklich ist, wichtig ist allein, es glücklich zu machen. Das Bedeutsame ist, dass das Kind durch diese freie Aktivität einen Menschen aufbauen kann. Der Aufbau ist das Wichtigste. Ein Mensch kommt nicht zufällig zu Stande, er wächst nicht auf wie eine Blume. Ein Kind handelt nicht in der Weise, wie wir Erwachsenen. Wir gebrauchen unsere Energien, unsere reife Fähigkeit, um etwas zu machen, aber das Kind handelt in Übereinstimmung mit der Natur, um den Menschen aufzubauen. Die Folge seiner freien Aktivität ist das rechte Wachstum, besonders im psychischer Hinsicht. Das Wachstum erfolgt nicht nur, weil die Natur die Funktionen gibt, sondern durch die richtige Aktivität. Diese Funktionen entwickeln sich normal durch Aktivität in der Umgebung.

Wir messen speziellen Aktivitäten, die wir Aktivzyklen nennen, große Bedeutung zu. Psychische Phänomene, die man Repressionen nennt und die so allgemein unter uns sind, rühren von Mangel an diesen Aktivitäten her. Repressionen entstehen nicht so sehr dadurch, dass eine strenge Person ein Kind veranlasst, still zu sein, nicht zu sehr durch direkte

Handlung eines Erwachsenen, sondern – gemäß moderner Beobachtung – weil ein Mangel an Aktivität die Entwicklung angehalten hat. Das Schreckliche ist, dass diese Kinder nicht entwickelt sind. Nicht die Tatsache, dass sie einen Schock erlitten haben ist schrecklich, sondern dass es ihnen nicht möglich gewesen ist, den natürlichen Grenzen entsprechend aufzuwachsen ... Wenn einem Kind psychische Nahrung fehlt, wenn es in seiner Umgebung an psychischen Anreizen mangelt, wird sein normales Wachstum beschränkt oder angehalten werden. Seine Seele wird verborgen sein wie das Skelett, wenn Calcium fehlte. Nicht nur das Kind hat Rachitis, sondern der werdende Mensch wird verkrüppelt sein, weil das Kind den Leib dieses Menschen aufbaut. In der gleichen Weise bringt auf der seelischen Seite der Mangel an Mitteln für den notwendigen Ausdruck in der Umgebung Defekte hervor, eine Hemmung in der Entwicklung. Der Mensch, der werden soll, wird nicht nur weniger gut entwickelt sein, er wird deformiert sein, er wird einen deutlichen Defekt haben. Das ist wirkliche Unterdrückung.

Wir können uns das Kind als Silhouette vorstellen, eine Silhouette mit der Umrisslinie des zukünftigen Menschen um es herum. Das ist nicht das Bild des gegenwärtigen Menschen, sondern das des möglichen Menschen. Wir müssen das Kind vom Gesichtspunkt des zukünftigen Menschen aus sehen. Wir müssen begreifen, dass es Menschenrecht ist, dass das Kind in der rechten Weise aufwächst, denn der Mensch muss in wenigen Jahren aus dem Kind hervorgehen. Dieser Mensch muss die Rechte jeden Bürgers haben, das Recht, seine Kräfte regulär zu entwickeln, ein starker Mensch zu werden und – psychisch gesprochen – ein normaler Mensch. Dieser zukünftige Bürger kann sich nicht selbst verteidigen. Er mag in einem demokratischen Land geboren sein. Aber auch in den gegenwärtigen demokratischen Ländern können wir diese potentiellen Menschen sehen, die nicht richtig heranwachsen, die keine Rechte besitzen, die ihre Rechte nicht selbst behaupten können. Sie können keine Versammlungen abhalten, denn sie besitzen keinen starken Körper oder Willen oder Charakter. Sie sind sich der Not nicht bewusst. Sie sind nicht fähig, sich selbst zu verteidigen, weil sie sich der Notwendigkeit dieser Selbstverteidigung nicht bewusst sind.

Die Erwachsenen müssen die Kinder verteidigen. Die Erwachsenen müssen die wahre Menschheit in diesen Kindern sehen, die Menschheit, die eines Tages unseren Platz einnehmen wird, wenn wir sozialen Fortschritt haben sollen. Sozialer Fortschritt bedeutet, dass die nächste Generation besser ist als die vorangegangene. Die nächste Generation muss stärker sein, als wir es sind. Diese Kinder von heute werden die Entdeckungen von morgen machen. Alle Errungenschaften der Menschheit werden ihnen bekannt sein, sie werden das Erreichte verbessern und neue Entdeckungen machen.

Sie müssen alle notwendigen Verbesserungen in Häusern, Städten, in der Kommunikation und in den Produktionsmethoden leisten. Die zukünftige Generation muss nicht nur wissen, wie sie ausführt, was sie sie lehren können, sie muss fähig sein, einen Schritt weiterzugehen. Wir müssen das Kind von diesem Gesichtspunkt aus betrachten. Wir müssen die Entwicklung des Kindes beobachten und studieren. Wir haben selbstverständlich eine soziale Pflicht gegenüber diesem künftigen Menschen, diesem Menschen, der wie eine das Kind umgebende Silhouette existiert, eine Pflicht gegenüber diesem Menschen von morgen. Vielleicht ist ein großer Führer oder ein großes Genie unter uns – seine Kraft wird aus der Kraft des Kindes von heute kommen, diese Vision müssen wir haben. Unsere neue soziale Pflicht ist es, jene zu verteidigen und für jene zu sorgen, die schwach scheinen, obwohl sie in Wirklichkeit stark sind, jene, die sich nicht selbst schützen können …

Dieses Alter von zwei bis drei Jahren ist das wichtigste Lebensalter. Alle psychischen Organe der Persönlichkeit werden während dieser Zeit gebildet, der ganze Mensch, der die Möglichkeit hat zu sein. Das Kind ist wie ein geistiger Embryo, der alles entwickelt, was für den Menschen notwendig ist. Das ist die Periode der Schöpfung, später gibt es noch Wachstum, aber in dieser Periode ist es Schöpfung. Wenn solche Bedingungen herrschen, dass es für das Kind zu schwer ist, zu schaffen, dann wird ihm immer etwas fehlen" (Dem Leben helfen, S. 84 ff).

Wenn wir die Kinder beobachten, wie sie etwas freiwillig tun, also in Freiheit aktiv werden und handeln, dann sind sie ausgeglichen und zufrieden. Sie öffnen sich für neue Lernerfahrungen und wollen immer weiter vorankommen. Dies gilt für den physischen ebenso wie für den psychischen Bereich. Das kleine Kind bewegt sich, weil es sein gestecktes Ziel erreichen will und es legt dabei viele Kilometer zurück und nimmt Umwege in Kauf. Drängen wir es als Erwachsener, wollen wir, dass es zu einem bestimmten Punkt läuft, dann wird das Kind oft ungeduldig und hat keine Lust. Wie oft steigen Kinder unzählige Stufen hinauf und hinunter. Für uns Erwachsene ist ein Sinn nicht erkennbar. Das Kind aber hat Freude an diesem freiwilligen Tun.

Montessori zeigt uns an praktischen Beispielen immer wieder auf, was geschieht, wenn man den Kindern die Freiheit zu ihrer Entwicklung lässt bzw. wenn man sie einengt. Diese Beispiele sind überzeugend und veranschaulichen, wie unterschiedlich das Freiheitsverständnis von Kindern und Erwachsenen ist. Das Kind muss ein Umfeld haben, in dem es Eindrücke sammeln kann, denn über diese baut es seine Intelligenz auf und wird dabei durch die sensitiven Kräfte gestützt:

„Der Erwachsene wartet einfach, dass sich die Vernunft des Kindes mit der Zeit, das heißt mit zunehmendem Alter, entwickle. Er bemerkt die Anstrengungen des Kindes, das Kraft seiner eigenen Bemühungen wächst, unternimmt aber nichts, um ihm dabei zur Hilfe zu kommen. Sobald dann das vernunftbegabte Wesen im Kinde zu Tage tritt, stellt er der kindlichen seine eigene Vernunft entgegen. Vor allem aber hindert er das Kind immer dann an der

Betätigung seines Willens, wenn dieser sich in Bewegungen auszudrücken sucht. Um den Wesenskern der kindlichen Bewegung zu begreifen, müssen wir diese als Verkörperung der schöpferischen Kraft auffassen, die den Menschen auf die Höhe seiner Gattung bringt. Der von der Seele beherrschte Bewegungsapparat stellt das Werkzeug dar, mit dessen Hilfe der Mensch auf eine äußere Umwelt einzuwirken, seine Persönlichkeit auszudrücken und seine Mission zu erfüllen vermag. Die Bewegung ist nicht nur Ausdruck des Ichs, sondern ein unerlässlicher Faktor für den Aufbau des Bewusstseins; bildet sie doch das einzige greifbare Mittel zur Herstellung klar bestimmter Beziehungen zwischen Ich und äußerer Realität. Die Bewegung ist somit ein wesentlicher Faktor beim Aufbau der Intelligenz, die zu ihrer Nahrung und Erhaltung der Eindrücke aus der Umwelt bedarf. Sogar die abstrakten Vorstellungen reifen ja aus den Kontakten mit der Wirklichkeit, und die Wirklichkeit kann nur durch Bewegung aufgenommen werden ... Am besten lernen wir die Bedeutung der Bewegung verstehen, wenn wir die direkte Verbindung ins Auge fassen, die zwischen den Bewegungsfunktionen und dem Willen besteht. Alle vegetativen Funktionen des Körpers hängen wohl mit dem Nervensystem zusammen, unterstehen aber nicht der Einwirkung des Willens ... Eine der am wenigsten erwarteten und daher überraschenden Kundgebungen der Kinder, die in unseren Schulen die Möglichkeit fanden, sich frei zu betätigen, bestand in der liebevollen Genauigkeit, mit der sie ihre Arbeiten ausführten. Bei dem Kinde, das ein freies Leben führen darf, beobachten wir Handlungen, aus denen nicht nur das Bestreben spricht, Außeneindrücke in sich aufzunehmen, sondern auch die Liebe zur Genauigkeit in der Auffassung seiner Handlungen. Man erhält von solchen Kindern den Eindruck, es treibe eine innere Kraft ihren Geist der Verwirklichung seiner selbst entgegen. Das Kind ist ein Entdecker: ein Mensch, geboren aus einem gestaltlosen Nebel, auf der Suche nach seiner eigenen, strahlenden Form begriffen (Kinder sind anders, S. 135 ff).

Montessori hat wichtige Erfahrungen gemacht, dass Kinder sich viel besser entwickeln und entfalten können, wenn dies in Freiheit möglich ist. Und Freiheit kostet nichts. Freiheit erfordert lediglich von uns Erwachsenen Geduld, Einfühlungsvermögen und Verständnis. In Freiheit können Kinder auch selbst entdecken. Sie können ihren Forscherdrang ausleben und können Erkenntnisse gewinnen, die ihrem Entwicklungsstand und ihrer Intelligenz entsprechen. Nicht der Erwachsene lehrt sie etwas, sondern sie lehren sich selbst etwas, und nicht selten können wir Erwachsenen sehr viel von den Beobachtungen der Kinder profitieren.

Kehren wir zurück zur Wortbedeutung. Frei sein bedeutet nicht gebunden, unbelastet, unabhängig. Vollberechtigung bedeutet in Freiheit aufwachsen. Die Einschränkungen, die Erwachsene aussprechen, dienen meist nur ihrem eigenen Nutzen und nicht der Entwicklung der Kinder. Werden Freiräume für Kinder eingeschränkt, so soll damit verhindert werden, dass Kinder stören, unbequem sind, die Erwachsenen belästigen. Und natürlich bringt ein Aufwachsen in Freiheit auch Dynamik. Kinder, die Freiheit ausleben, sind nicht nur aktiv, sie sind unermüdlich neugierig und wollen alles ganz genau wissen.

Der Begriff Freiheit beinhaltet bei Maria Montessori auch die freie Wahl. Sie hat erkannt, dass Kinder Materialien oder auch Aufgaben nicht vorgegeben bekommen wollen, sondern sie möchten selbst entscheiden. Dies entspricht aber nun keineswegs immer den Vorstellungen von Erwachsenen. In der Familie, im Kindergarten und auch in der Schule bestimmen nicht die Kinder über die Benutzung eines Materials, sondern häufig die Erwachsenen. Dass die Kinder dadurch auch eingeschränkt werden und dann durch „ungeordnete Arbeit", das heißt Unkonzentriertheit oder Lustlosigkeit reagieren, wird ihnen dann als Fehlverhalten oder Auffälligkeit angelastet.

„Eine andere Beobachtung deckte zum ersten Mal eine höchst einfache Tatsache auf. Die Kinder benutzten das Unterrichtsmaterial, aber die Lehrerin verteilte es und räumte es am Ende der Stunde wieder fort. Nun erzählt sie mir, dass bei dieser Verteilung die Kinder von ihren Plätzen aufsprangen und sich an sie herandrängten. So oft die Lehrerin sie auch zurückschickte, sie näherten sich ihr immer wieder. Daraus hatte die Lehrerin den Schluss gezogen, die Kinder seien ungehorsam.

Als ich mir die Sache selbst ansah, begriff ich, dass die Kinder den Wunsch hatten, die Gegenstände selber wieder an ihren Platz zu bringen, und ich ließ sie gewähren. Das führte zu einer Art von neuem Leben: Die Gegenstände in Ordnung zu bringen, Unordnung zu beheben, erwies sich als ungemein anziehende Beschäftigung. Wenn ein Kind ein Glas mit Wasser fallen ließ, eilten sogleich andere herbei, die Scherben aufzulesen und den Fußboden trocken zu wischen.

Eines Tages aber entglitt der Lehrerin eine Schachtel, in der sich etwa 80 Täfelchen in verschiedenen abgestuften Farbschattierungen befanden. Ich sehe noch ihre Verlegenheit vor mir, denn es war schwierig, diese vielen Abstufungen von Farben wieder in die richtige Reihenfolge zu bringen. Doch schon eilten die Kinder herbei und brachten zu unserem großen Staunen alle Täfelchen schleunigst wieder in Ordnung, wobei sie eine wunderbare, der unseren weit überlegenen Sensibilität für Farbennuancen bewiesen.

Eines Tages kam die Lehrerin verspätet zur Schule. Sie hatte vergessen, den Schrank mit den Lehrmitteln abzuschließen und fand jetzt, dass die Kinder ihn geöffnet hatten und sich davor drängten. Einige von ihnen hatten bestimmte Gegenstände ergriffen und fortgetragen. Dieses Verhalten erschien der Lehrerin als Ausdruck diebischer Instinkte. Sie meinte, Kinder, die Dinge wegtragen, die es an Respekt gegenüber der Schule und der Lehrerin fehlen lassen, müssten mit Strenge und moralischen Ermahnungen behandelt werden. Ich hingegen glaubte, die Sache so deuten zu sollen, dass die Kinder diese Gegenstände nun bereits gut genug kannten, um selber ihre Wahl unter ihnen treffen zu können. Und so war es auch.

Damit begann eine lebhafte und interessante Tätigkeit. Die Kinder legten verschiedene Wünsche an den Tag und wählten dementsprechend ihre Beschäftigungen. Seit damals sind wir zu den niedrigen Schränken übergegangen, in denen das Material in Reichweite der Kinder und zu deren Verfügung bleibt, so dass sie es gemäß ihren inneren Bedürfnissen selber wählen können. So fügte sich an den Grundsatz der Wiederholung der Übungen der weitere Grundsatz der freien Wahl.

Aus dieser freien Wahl haben sich allerlei Beobachtungen über die Tendenzen und seelischen Bedürfnisse der Kinder ergeben. Eines der ersten interessanten Ergebnisse bestand darin, dass die Kinder sich nicht für das ganze, von mir vorbereitete Material interessierten, sondern nur für einzelne Stücke daraus. Mehr oder weniger wählten sie alle dasselbe: Einige Objekte wurden sichtlich bevorzugt, während andere unberührt liegen blieben und allmählich verstaubten. Ich zeigte den Kindern das gesamte Material und sorgte dafür, dass die Lehrerin ihnen den Gebrauch eines jeden Stückes genau erklärte; aber gewisse Gegenstände wurden von ihnen nicht wieder freiwillig zur Hand genommen.

Mit der Zeit begriff ich dann, dass alles in der Umwelt des Kindes nicht nur Ordnung, sondern ein bestimmtes Maß haben muss, und dass Interesse und Konzentration in dem Grade wachsen, wie Verwirrendes und Überflüssiges ausgeschieden wird" (Kinder sind anders, S. 168 ff).

Mit diesen Ausführungen gibt Maria Montessori ganz klare Hinweise und unterstreicht noch einmal die Bedeutung der Freiwilligkeit. Überlegen Sie selbst! Eine Aktivität, für die Sie sich entschieden haben, die Sie begeistert und die Ihnen Freude macht, werden Sie immer wieder aufgreifen und Sie werden ärgerlich, wenn man Sie stört. Selbstbestimmt will das Kind seine Lernschritte gehen, frei entscheiden. Wir als Erwachsene sollten es dabei beobachten und das, was das Kind uns kundtut, ernst nehmen – auch wenn wir vielleicht etwas enttäuscht sind, weil es in seinem Handeln nicht ganz unseren Erwartungen entspricht.

Maria Montessori fordert also ein Umdenken in der Erziehung. Nur in Freiheit kann das Kind sich entwickeln und seine Fähigkeiten und Fertigkeiten offenbaren. Erstaunliches wird es uns zeigen! Die Angst, dass Erziehung dadurch in negative Bahnen gelenkt werden könnte, ist unberechtigt. Wahre Freiheit hat aber auch Grenzen und somit bewegt sich das Kind in seiner Entwicklung in einem Raum, der es schützt, aber auch Freiheit lässt. Wenn uns der Erziehungsalltag in diesem Sinne gelingt, dann ist das nicht nur zum Wohle des Kinder, sondern auch zum Wohle der Familie, der Gruppe, der Gesellschaft.

2 Die vorbereitete Umgebung

Was können wir darunter verstehen? Ist die Ausstattung des Kinderzimmers oder des Gruppenraumes in einer Kindertagesstätte gemeint? Meinen wir damit die Auswahl bestimmter Spielmaterialien? Ist es die Umwelt, die wir dem Kind zugänglich machen wollen und ihm helfen, sie zu erschließen?

Die vorbereitete Umgebung hat bei Maria Montessori einen großen Stellenwert. Sie selbst führt dazu aus:

„Die große Bedeutung der Umgebung für die Lebewesen ist von der Biologie mehr und mehr erkannt worden. Die materialistischen Entwicklungstheorien schreiben ihr sogar die Fähigkeit zu, auf das Leben und die Form der Lebewesen in weitgehendem Maße einzuwirken, sie zu verändern oder umzuwandeln. Wurde diese Anschauung auch von manchen Forschern wieder verlassen, so wird es bei tiefer eindringendem Studium immer wichtiger, die Umgebung zu kennen, in der das pflanzliche und tierische Leben sich entwickelt. Das kommt – abgesehen von den Untersuchungen vieler anderer Forscher – besonders klar in den Arbeiten Fabres zum Ausdruck, dessen Studium bei Insekten uns ganz neue Entdeckungen, wahre Offenbarungen über ihr Leben vermitteln, gerade, weil er sie in ihrer gewöhnlichen Umwelt beobachtet. Es ist nunmehr sicher, dass ein Lebewesen nur dann gut erkannt werden kann, wenn es in seiner natürlichen Umgebung beobachtet wird.

Wenn wir jedoch den Menschen beobachten, so sehen wir, dass er eher versucht, sich die ihm gemäßeste Umgebung zu schaffen, als sich seiner Umwelt anzupassen. Der Mensch lebt in einer sozialen Umgebung, in welcher bestimmte geistige Kräfte tätig sind: Die Beziehungen des Menschen zu seinesgleichen. Sie bilden das soziale Leben. Wenn ein Mensch nicht in einer geeigneten Umgebung lebt, dann kann er nicht alle seine Fähigkeiten normal entwickeln, und er kann nicht auf dem Grund seiner eigenen Seele forschen und lernen, sich selbst zu erkennen.

Nun besteht eine der Hauptaufgaben der modernen Erziehung gerade darin, das soziale Empfinden des Kindes zu entwickeln und in ihm die Neigung zu erwecken, mit Seinesgleichen gesellig zu leben. Und doch hat das Kind keine ihm angemessene Umgebung: Es lebt ja in der Welt des Erwachsenen. Dieses Missverhältnis hat für das Leben des Kindes von heute charakteristische Folgen; zunächst scheint es, dass es nur wegen der Größenunterschiede zwischen dem Kind und den Gegenständen seiner Umgebung keine Beziehung zwischen sich und der Umwelt finden und sich daher nicht mehr natürlich entwickeln kann.

Ein solches Missverständnis herrscht aber nicht nur hinsichtlich der Größen, sondern auch hinsichtlich größerer oder geringerer Behändigkeit. Denken wir uns einen Taschenspieler, der alle seine Kunststücke mit großem Geschick ausführen kann und eine außergewöhnliche Leichtigkeit und Flinkheit der Bewegungen zeigt. Wollte ich diese Kunststücke selber versuchen, so würde er mir sagen: „Aber, was machst du denn?" Da ich das sicher nicht schaffen könnte. Würde ich es nun langsam versuchen, verlöre er wohl die Geduld. Verhalten wir uns den Kindern gegenüber anders? – Ich möchte allen Müttern den Rat geben: Lasst doch eure drei- und vierjährigen Kinder in aller Ruhe sich allein waschen, sich ausziehen, lasst sie ohne Hilfe essen, so wie es ihnen passt!

Müssten wir einen Tag in einer Umgebung leben, die der entspricht, die wir unseren Kindern bereiten, wie ratlos wären wir! Alle unsere Kräfte, alle unsere Energien müssten wir nur für unsere Verteidigung gebrauchen, und immer mit den Worten wehren: „Nein, lasst mich, ich will nicht!", und wir würden schließlich wie die Kinder in Tränen ausbrechen, wenn wir kein anderes Verteidigungsmittel mehr fänden. Doch die Mütter sagen: „Was für ein launenhaftes Kind! Es will nicht zur Zeit aufstehen und schlafen gehen, und immer sagt es: ‚Ich will nicht, ich will nicht!' Kleine Kinder dürfen doch niemals sagen: ‚Ich will nicht!'"

Wenn wir aber im Haus eine Umgebung schüfen, die der Größe, den Kräften und den psychischen Fähigkeiten der Kinder entspräche und wenn wir das Kind dort frei leben ließen, dann hätten wir bereits einen großen Schritt hin zur Lösung des Erziehungsproblems ganz allgemein getan; denn dadurch gäben wir dem Kind seine Umgebung (Dem Leben helfen, S. 55 ff).

Ganz klar beauftragt uns Maria Montessori hier, dass wir dem Kind seine Umgebung vorbereiten sollen! Wie ganz anders sieht die Realität aus! Selbst in Einrichtungen, die für Kinder geschaffen und ausgestattet wurden, dominieren die Vorstellungen der Erwachsenen. Auch kleine Tische und Bänke (meist zu groß und zu schwer, dass Kinder sie alleine wegtragen könnten) können darüber nicht hinwegtäuschen. Wir ärgern uns, wenn Kinder alle Möglichkeiten nutzen, um z.B. aus dem Fenster zu schauen. Sie klettern auf Tische und Schränke, um den Blick nach draußen zu erhaschen. Wäre da eine kleine Treppe oder Trittleiter nicht eine Hilfe? Vielleicht ein Podest? Machen Sie sich einmal die Mühe und laufen Sie in der Hocke durch das Kinderzimmer. Entspricht es den Bedürfnissen des Kindes? An der Wand hängt ein schönes Poster, aber leider in Augenhöhe des Erwachsenen und nicht des Kindes. Die Fächer im Regal können nur in geringer Höhe vom Kind erreicht werden. Will es höher hinauf, so muss es klettern! Und dies ist das Reich des Kindes! In Kindergärten oft kaum anders. Nicht selten sind Schränke und Bilderleisten nur an der Größe der Erwachsenen ausgerichtet. Also suchen sich die Kinder kleine überschaubare Räume, spielen unter Tischen usw. Maria Montessori hat eine Reihe wichtiger Grundsätze aufgestellt, wie Möbel für Kinder sein sollten, wie Räume ausgestattet werden müssten:

„Die Möbel müssen leicht sein und so aufgestellt, dass das Kind sie bequem umhertragen kann, die Bilder so niedrig hängen, dass es sie mühelos betrachten kann; das Kind muss im Stande sein, alles zu benützen, dessen es für die Ordnung des Hauses bedarf, und es muss alles Arbeiten des täglichen Lebens ausführen können; es muss fegen, die Teppiche kehren, sich waschen, sich anziehen usw.

Dazu kommen noch andere sehr wichtige Eigenschaften der Dinge. Die Gegenstände sollen gediegen und anziehend sein. Ein Kinderhaus soll in den kleinsten Einzelheiten schön und gefällig sein, denn Schönheit ermuntert zur Tätigkeit, zur Arbeit. Auch wir Erwachsenen verlangen schöne Häuser, um die Liebe zum häuslichen Herd zu nähren. Es besteht, so möchte ich beinahe sagen, eine mathematische Beziehung zwischen der Schönheit der Umgebung und der Tätigkeit des Kindes: Es wird z. B. sehr viel lieber mit einem hübschen Besen kehren als mit einem hässlichen.

Die Kinder fühlen dies auch selbst sehr gut. Eines Tages besuchte ein Mädchen aus einem Kinderhaus in San Francisco eine der üblichen Schulen und bemerkte sofort Staub auf den Bänken. Die Kleine ging zur Lehrerin und sagte: ‚Wissen Sie, warum Ihre Kinder nicht abstauben und alles in Unordnung lassen? Weil sie keine hübschen Staubtücher haben. Ich möchte mit solchen Staubtüchern auch nicht den Staub wischen.' Die Möbel im Kinderhaus sollen abwaschbar sein. Man könnte denken, dass dies nur aus hygienischen Gründen nötig sei. Der tiefere Grund aber ist der, dass abwaschbare Möbel den Kindern Gelegenheit zu einer willkommenen Arbeit geben. Dabei lernen sie Acht geben, sehen die Flecken und gewöhnen sich mit der Zeit daran, für die Sauberkeit alles dessen, was sie umgibt, verantwortlich zu sein.

Viele rieten mir, unter den Tischbeinen Plättchen aus Gummi anzubringen, um so Lärm zu vermeiden, aber ich ziehe den Lärm vor, der jede heftige Bewegung des Kindes verrät. Jedermann weiß, dass das Kind noch nicht über geordnete Bewegungen verfügt und sich noch nicht in der Gewalt hat. Die kindlichen Muskeln vollführen im Vergleich zu unseren viele ungeschickte Bewegungen, eben weil das Kind noch nicht die richtige Ökonomie und Geordnetheit gelernt hat.

Im Kinderhaus wird jeder Fehler, jede falsche Bewegung offenbar. Der Stuhl macht brr ... und das Tischchen macht drr ..., und das Kind wird sich sagen: ‚So geht's nicht gut.'

Im Kinderhaus soll auch eine Anzahl zerbrechlicher Gegenstände vorhanden sein, Gläser, Teller, Vasen usw. Die Erwachsenen werden sicher ausrufen: ‚Wie? In den Händen der dreijährigen Kinder? Sie werden sie ja doch nur zerbrechen!' Auf diese Weise legt man mehr Wert auf das Glas als auf das Kind. Wir halten einen wenige Groschen kostenden Gegenstand für wertvoller, als die Bewegungserziehung des Kindes.

In seinem Hause strebt das Kind danach, freundlicher und behutsamer zu sein, seine Bewegungen besser in Acht zu nehmen. Und so betritt es den Weg der Vervollkommnung, ohne sich dessen bewusst zu sein. Dass dies der von ihm geliebte und natürliche Weg ist, beweist uns die neue Freude, die neue Würde, die wir am Kind beobachten können, die manchmal unsagbar rührend ist. – Was ist im Grunde das Ziel des Dreijährigen? Er strebt danach, Mensch zu werden, sich zu vervollkommnen und alles zu tun, was ihm bei dieser Vervollkommnung hilft, oder mit anderen Worten: Das Kind sucht sich zu üben, denn Übung bedeutet Entwicklung. Das Kind findet z. B. Freude am Händewaschen, aber nicht so sehr am Vergnügen des Waschens an sich als vielmehr an der Arbeit, an der Tätigkeit, denn Tätigkeit ist es, die ihm zum Leben verhilft. – Und dies ist die Quelle, aus der alle seine Anstrengungen entspringen.

Was aber tun wir gewöhnlich angesichts dieses sich entwickelnden Lebens, das nach Vervollkommnung strebt und dazu Arbeit und Anstrengung braucht? Oft verhindern wir die Erreichung dieses Zieles mit all unseren Kräften. In den Schulen z. B. befestigt man Tische und Bänke am Boden; die Kinder sind lebhaft, bewegen sich oft ungeschickt, merken aber nicht, dass sie damit Bänke und Tische umwerfen, wenn diese nicht festgemacht wären. So erhalten wir zweifellos immer die Ordnung in der Schule, aber die Kinder erwerben niemals geordnete Bewegungen. Gibt man den Kindern einen Becher oder Teller aus Metall, so wirft es diesen auf den Boden, tritt darauf, ohne dass sie zerbrechen … So versuchen wir, das Schlechte zu bemänteln, dass man es nicht bemerkt und der Beteiligte sich über seine Fehlleistungen keine Rechenschaft ablegen kann. Und das Kind verharrt nicht nur in seiner Unvollkommenheit, sondern wird von der ordnungsgemäßen Entwicklung seines Lebens abgelenkt.

Will ein Kind etwas ganz allein tun, so wird es eifrig und ist voller Leben. Es müht sich ab – und sogleich greifen wir ein, um die gewonnene Arbeit viel besser zu vollenden.

Lautet die Stimme des Versuchers vielleicht nicht so: ‚Du willst dich waschen, dich einkleiden? Plage dich nicht zu sehr, ich bin ja hier und kann alles vollbringen, was dein Herz begehrt.'

Und das Kind, dem nichts mehr zu wollen übrig bleibt, wird launisch. Wir geben seiner Laune nach und glauben noch, ihm damit noch etwas Gutes zu tun.

Überlegen Sie doch einmal, was mit einem Kind geschähe, das in seinen ersten Lebensjahren in Haus eingeschlossen wäre, in dem sich nur unzerbrechliche Gegenstände befänden, in einem Haus, in dem es sich nicht zu beherrschen und in der Handhabung der Gegenstände niemals achtsam zu sein brauchte. Es käme um viele notwendige Erfahrungen, und seinem Leben würde immer etwas fehlen.

Es gibt auch Kinder, die man niemals befriedigen kann, die immer unruhig bleiben, sich auf den Boden werfen, sich nicht waschen wollen, und ihre Eltern lassen sie gewähren und greifen nie ein. ‚Wie gut und geduldig sind Sie!' Pflegt man von Leuten zu sagen, die solche Kinder von morgens bis abends ertragen. Aber sind sie wirklich gut? Ist das Güte? Wie falsch ist diese Vorstellung von Güte!

Die wahre Güte ist nicht die, die jede Verirrung erträgt, sondern die ist es, die nach Mitteln sucht, die Verirrung zu vermeiden; sie besteht in der Tat, die dem Kinde hilft zu leben.

Dem Kind geben, was es zum Leben braucht, recht verstehen, dass es ein armes Wesen ist, dem nichts gehört: Das ist Güte, das ist Barmherzigkeit.

Betrachten wir ein wenig das Kind in seiner Umgebung, die ihm entspricht und von seiner Natur selbst verlangt wird. Wir werden sehen, wie es von selbst an seiner Vervollkommnung arbeitet. Der richtige Weg dazu wird ihm nicht nur durch die Gegenstände gewiesen, die es gebraucht, sondern auch durch die Möglichkeit, selbst mittels dieser Gegenstände seine Irrtümer zu erkennen.

Und was wollen wir dabei tun? Nichts: Wir haben dem Kind schon die Gabe gegeben, die seine Wesensart verlangt. Wir müssen uns nun überwinden, uns zurückziehen und es beobachten, ihm gleichsam in einem gewissen Abstand folgen, ohne es mit unserem Dazwischentreten zu belästigen, doch auch ohne es jemals zu verlassen ... Eine schöne Umgebung, die das Kind leitet und die ihm die Mittel bietet, seine Kräfte zu üben, erlaubt der Lehrerin, zeitweilig abwesend zu sein.

Mit der Schaffung einer solchen Umgebung haben wir bereits einen großen Fortschritt verwirklicht" (Dem Leben helfen, S. 57 ff).

Für Bad und WC hat man in der Familie Lösungen gefunden. Es gibt rutschsichere Treppchen, die dem Kind das Benutzen des Waschbeckens oder des WCs möglich machen. Aber was hier gilt, gilt noch lange nicht für das Kinderzimmer. Maria Montessori vertritt die Auffassung, dass Kinder ihre Umgebung auch pflegen können und dass sie dafür attraktive Gerätschaften brauchen. Natürlich sind Besen und Schaufel in Erwachsenengröße gerade für kleine Kinder nicht nutzbar. Was macht es aber, wenn man sie in Kindergröße anschaffen würde? Erwachsene haben auch die Tendenz, alle zerbrechlichen Gegenstände vom Kind fernzuhalten. Wie aber soll das Kind dann den Umgang damit lernen? Es muss die Erfahrung machen, dass die Porzellantasse zerspringt, wenn man sie fallen lässt. Bekommt das Kind immer nur Plastikgeschirr, so brauchen wir uns nicht wundern, wenn es nur schwer den Umgang mit Porzellan oder Glas lernt. In seiner Umgebung lernt das Kind achtsam zu werden. Aber man muss es lassen! Dies alles klingt so selbstverständlich, ist es aber leider nicht!

Die Umgebung muss auch den Grundsätzen der physischen Hygiene entsprechen und dem Kind die Möglichkeit zu freier Bewegung geben.

„Wenn man von der Freiheit der Kinder in der Schule spricht, denkt man sofort an jeden Grundsatz der physischen Hygiene. Wir stellen uns freie Kinder vor, die Saltos über die Schulbänke schlagen oder wie verrückt gegen die Wände rennen. Scheinbar ist die ‚Bewegungsfreiheit' an die Idee eines ‚großen Raumes' gebunden und daher daran, dass in den engen Grenzen eines Zimmer notwendigerweise sich ein Kampf zwischen Gewalt und Hindernis ergäbe, eine Unordnung, die mit Korrektheit und Arbeit unvereinbar ist.

Aber die Kriterien der psychischen Hygiene sähen die ‚Bewegungsfreiheit' nicht auf einen so primitiven

Grundsatz der ‚körperlichen Bewegungsfreiheit' begrenzt. Für einen kleinen Hund oder eine kleine Katze können wir dasselbe sagen wie für die Kinder: Sie müssen die Freiheit haben, laufen und springen zu können, und sie können dies, wie es oft geschieht, in einem Park oder auf einer Wiese zusammen mit den Kindern und wie diese tun. Wenn wir jedoch denselben Begriff von Bewegungsfreiheit auf das Leben eines Vogels anwenden wollen, dann tun wir etwas für ihn; wir versuchen Baumäste oder Querhölzchen in seiner Reichweite anzubringen, auf denen sich die Füße des Vögelchens festhalten können, die nicht dazu geschaffen sind, auf dem Boden zu laufen wie die eines Reptils, dagegen aber geeignet sind, ein Stängchen zu umgreifen. Wir wissen, dass ein Vogel, dem auf einer unendlichen Ebene ‚Bewegungsfreiheit' gelassen würde, unglücklich wäre.

Wenn es notwendig ist, für ein Reptil eine andere Umgebung zu schaffen als für einen Vogel, damit sie ihre ‚Bewegungsfreiheit' haben, warum denken wir dann nicht daran, dass es ein Fehler sein muss, unseren Kindern die gleiche Art der Freiheit zu gewähren wie den Hunden und den Katzen" (Schule des Kindes, S. 141 ff).

„Nicht die Umgebung bestimmt alleine, was das Kind aufnimmt. Es besteht vielmehr ein enger Bezug zur inneren Empfänglichkeit des Kindes. Die Umwelt, und damit auch die vorbereitete Umgebung, hat alleine keine aufbauende Kraft, „sie liefert nur die erforderlichen Mittel, vergleichbar den lebenswichtigen Stoffen, die der Körper durch Verdauung und Atmung von außen her aufnimmt ... Die innere Empfänglichkeit bestimmt, was aus der Vielfalt der Umwelt jeweils aufgenommen werden soll und welche Situationen für das augenblickliche Entwicklungsstadium die vorteilhaftesten sind. Sie ist es, die bewirkt, dass das Kind auf gewisse Dinge achtet und auf andere nicht. Sobald eine solche Empfänglichkeit in der Seele des Kindes aufleuchtet, ist es, als ob ein Lichtstrahl von ihr ausginge, der nur bestimmte Gegenstände erhellt, andere hingegen im Dunkeln lässt. Die ganze Wahrnehmungswelt des Kindes beschränkt sich dann mit einem Male auf diesen einen hell erleuchteten Bezirk. Nicht nur, dass das Kind jetzt das lebhafte Bedürfnis empfindet, sich in bestimmte Situationen zu versetzen und bestimmte Dinge um sich zu haben; es entwickelt auch eine besondere, ja einzigartige Fähigkeit, diese Elemente seinem seelischen Wachstum dienstbar zu machen. Während solcher Empfänglichkeitsperioden lernt es etwa, sich in seiner Umwelt zurechtzufinden oder sein motorisches Muskelsystem bis in die feinsten Einzelheiten zu beherrschen.

Hier, in diesen Empfänglichkeitsbeziehungen zwischen Kind und Umwelt, liegt der Schlüssel zu der geheimnisvollen Tiefenschicht, in der sich das wunderbare Wachstum des geistigen Embryos vollzieht.

Wir können uns diese großartige Schöpfertätigkeit als eine Aufeinanderfolge von aus dem unbewussten auftauchenden, starken Emotionen vorstellen, die bei ihrer Berührung mit der Umwelt zur Bildung des menschlichen Bewusstseins führen. Ihr Weg führt von der Unbestimmtheit über die Bestimmtheit zur Tätigkeit, wie wir dies am Beispiel der Erwerbung des Sprechvermögens gut beobachten können" (Grundgedanken der Montessori-Pädagogik, S. 71 ff).

Wir Erwachsenen tragen also große Verantwortung für den Lebensraum, in dem unsere Kinder aufwachsen. Wir müssen Verantwortung und Gestaltungswillen zeigen.

Zur Umgebung führt Maria Montessori weiter aus:
„Die Beobachtungsmethode fußt allein auf der Grundlage, dass sich die Kinder frei ausdrücken können und uns Bedürfnisse und Neigungen enthüllen, die verborgen bleiben oder unterdrückt werden, wenn keine geeignete Umgebung für spontane Aktivität vorhanden ist. Schließlich muss neben einem Beobachter auch der zu beobachtende Gegenstand vorhanden sein, denn wenn eine Schulung des Beobachters erforderlich ist, damit er versteht, die Wahrheit zu ‚sehen' und ‚aufzunehmen', so müssen auch auf der anderen Seite Bedingungen vorbereitet werden, die eine Äußerung des natürlichen Charakters bei den Kindern ermöglichen.

Dieser letzte Teil des Problems, den bisher noch niemand in der Pädagogik in Betracht gezogen hatte, schien mir wirklich wesentlich und außerdem unmittelbar erzieherischer Natur zu sein, da er sich dem aktiven Leben des Kindes zuwandte. Ich begann also damit, eine den Proportionen des Kindes entsprechende Schuleinrichtung herstellen zu lassen, die seinem Bedürfnis zum verständigen Handeln entsprach.

Ich ließ Tischchen in verschiedenen Formen so bauen, dass sie nicht wackelten und so leicht waren, dass zwei kleine, vierjährige Kinder sie mühelos stellen konnten. Ich ließ Stühle machen, einige mit Strohgeflecht, andere ganz aus Holz, die leicht und, wenn möglich, elegant sein sollten, jedoch keine Nachahmung der Erwachsenenstühle in Kleinformat waren, sondern deren Proportionen sich der Form des kindlichen Körpers anpassten. Zusätzlich bestellte ich kleine Holzsessel mit breiten Armlehnen und Korbsessel sowie kleine quadratische Tische für einen Platz, andere in verschiedenen Formen und Größen, auf die Leinendeckchen gelegt werden; Grünpflanzen und Blumen schmücken sie. Zur Einrichtung gehört auch ein Waschbecken, das so tief hängt, dass es auch von einem drei- oder vierjährigen Kind benutzt werden kann. Es ist an der Seite mit weißen abwaschbaren Abstellflächen für Seife, Bürsten und Handtücher versehen. Die Schränkchen sind niedrig, leicht und sehr einfach. Einige haben einen Vorhang zum Zuziehen, andere verschließbare Türen, zu jedem gehört ein besonderer Schlüssel: Das Schloss ist in der richtigen Höhe angebracht, damit die Kinder es mit der Hand erreichen, es auf- und zuschließen sowie Gegenstände in die verschiedenen Fächer stellen können. Auf die lange und schmale Oberseite des Schränkchens werden verschiedene Zierstücke oder ein kleines Gefäß mit Fischen gestellt. Entlang den Wänden, und zwar so tief, dass die Kleinen sie erreichen, werden Schiefertafeln angebracht und kleine Bilder aufgehängt, die freundliche Familienszenen oder Gegenstände aus der Natur, wie Tiere und Blumen, darstellen oder auch Bilder mit geschichtlichen oder biblischen Motiven, die jeden Tag ausgetauscht werden können (Die Entdeckung des Kindes, S. 53 ff).

Bei allen Entscheidungen zur Gestaltung der Umgebung und zur Auswahl und Bereitstellung von Materialien müssen wir das Kind in den Mittelpunkt unserer Überlegungen stellen. Das Kind will, dass wir ihm helfen, alleine zurechtzukommen – „Hilf mir, es selbst zu tun!" – und diese Forderung müssen wir nicht nur aufnehmen, sondern auch in die Tat umsetzen. Dies ist dann ein Weg zur richtig vorbereiteten Umgebung.

3 Der absorbierende Geist und die sensiblen Perioden

Absorbieren bedeutet „aufsaugen" oder im übertragenen Sinne auch „gänzlich beanspruchen", „hinunterschlürfen", „verschlingen".

Mit dem Begriff der „Absorbierende Geist" beschreibt Maria Montessori eine Verhaltensweise des Kindes bzw. das Kind als ganzheitliches Wesen. Das Kind saugt auf, was es in seiner Umgebung sieht, erfährt, erlebt.

„Der Holländische Gelehrte De Vries entdeckte die Empfänglichkeitsperioden bei den Tieren, und uns gelang es in unseren Schulen, dieselben ‚sensiblen Perioden' auch in der Entwicklung der Kinder festzustellen und den Zwecken der Erziehung nutzbar zu machen.

Es handelt sich um besondere Empfänglichkeiten, die in der Entwicklung, das heißt, im Kindesalter der Lebewesen auftreten. Sie sind von vorübergehender Dauer und dienen nur dazu, dem Wesen die Erwerbung einer bestimmten Fähigkeit zu ermöglichen. Sobald dies geschehen ist, klingt die betreffende Empfänglichkeit wieder ab. So entwickelt sich jeder Charakterzug aufgrund eines Impulses und während einer eng begrenzten Zeitspanne. Das Wachstum etwa ist nicht ein unbestimmtes Werden, ererbt und dem Lebewesen eingeboren, sondern das Ergebnis einer inneren Arbeit, die von periodisch auftretenden

Instinkten sorgfältig geleitet wird. Diese Instinkte nötigen das Lebewesen im gewissen Stadium seiner Entwicklung zu einem Energieaufwand, der sich oft einschneidend von dem des erwachsenen Individuums unterscheidet. De Vries stellt diese sensiblen Perioden zuerst an solchen Insekten fest, bei denen die Entwicklung sich in besonders auffällige Perioden teilt; gehen sie doch durch Metamorphosen hindurch, die der experimentellen Laboratoriumsbeobachtung gut zugänglich sind.

Nehmen wir als Beispiel das von De Vries zitierte unansehnliche Würmchen, als das sich die Raupe eines gewöhnlichen Schmetterlings präsentiert. Man weiß, dass die Raupen mit großer Geschwindigkeit heranwachsen, gierig fressen und daher Pflanzenschädlinge sind. De Vries verwies nun auf eine Raupenart, die sich während ihrer ersten Lebenstage nicht von den großen Baumblättern, sondern nur von den zartesten Blättchen an den Enden der Zweige zu nähren vermag.

Nun legt aber der Schmetterling seine Eier gerade an der entgegengesetzten Stelle, nämlich dort, wo der Ast aus dem Baumstamm herauswächst, denn dieser Ort ist sicher und geschützt. Wer wird den jungen, eben erst aus dem Ei gekrochenen Raupen sagen, dass die zarten Blätter, deren sie für ihre Ernährung bedürfen, sich draußen, an den entferntesten Enden der Zweige, befinden? Siehe da, die Raupe ist mit starker Lichtempfindlichkeit begabt; das Licht zieht sie an, fasziniert sie. So strebt die junge Raupe mit ihren charakteristischen Sprungbewegungen alsbald der stärksten Helligkeit zu, bis sie am Ende der Zweige angekommen ist, und dort findet sie die zarten Blätter, mit denen sie ihren Hunger stillen kann. Das Seltsamste aber ist, dass die Raupe sogleich nach Abschluss dieser Periode, sobald sie sich auf andere Art ernähren kann, ihre Lichtempfindlichkeit verliert. Bald lässt das Licht sie völlig gleichgültig. Der Instinkt stirbt ab. Er hat seinen Dienst getan, und die Raupe wendet sich jetzt anderen Wegen und anderen Nährstoffen zu.

Es ist nicht so, dass die Raupe für das Licht unempfindlich, also im physiologischen Sinne blind geworden wäre; aber sie beachtet es nicht mehr.

Eine andere Periode veränderter Empfänglichkeit verwandelt die Schmetterlingslarven, die eben noch gefräßig alle Pflanzen ringsum verschlungen hatten, in einer Art von Hungerkünstlern. Während ihrer Fastenzeit bauen sie sich ein sargähnliches Gebilde, in dem sie sich gleich leblosen Wesen begraben. Wieder haben wir es mit einer intensiven und unausweichlichen Arbeit zu tun, denn in diesem Grab wird die endgültige Phase, der Schmetterling in seiner geflügelten Schönheit, vorbereitet ... Von hier aus eröffnet sich der Weg zum Verständnis für das, was in Bezug auf das Menschenkind von entscheidender Wichtigkeit ist: Auf der einen Seite haben wir es mit einem inneren Anstoß zu tun, der zu den bewunderungswürdigsten Leistungen führt, auf der anderen mit Perioden einer Gleichgültigkeit, die blind und leistungsunfähig macht.

Auf diese grundsätzlichen Entwicklungsstadien

vermag der Erwachsene in keiner Weise von außen her einzuwirken.

Hat das Kind aber nicht die Möglichkeit gehabt, gemäß den innerlichen Direktiven seiner Empfänglichkeitsperioden zu handeln, so hat es die Gelegenheit versäumt, sich auf natürliche Weise eine bestimmte Fähigkeit anzueignen, und diese Gelegenheit ist für immer vorbei.

Was das Kind während seiner psychischen Entwicklung vollbringt, gleicht einem Wunder, und nur darum, weil wir gewohnt sind, dieses Wunder unter unseren Augen sich vollziehen zu sehen, stehen wir ihm ohne Ergriffenheit gegenüber. Wie bringt es das aus dem Nichts gekommene Kind fertig, sich in dieser komplizierten Welt zurechtzufinden? Wie gelangt es dahin, Gegenstand von Gegenstand zu unterscheiden und ohne Lehrer, einfach in dem es lebt, eine Sprache mit all ihren winzigen Besonderheiten zu erlernen? Dies alles vollbringt das Kind, in dem es schlicht und froh in den Tag hineinlebt, während der Erwachsene, der sich in einer ihm neuen Welt zurechtfinden soll, zahlreicher Hilfen bedarf. Das Erlernen einer neuen Sprache nötigt den Erwachsenen zu harter Arbeit und dennoch erreicht er niemals die Vollendung, mit der er seine in der Kindheit erworbene Muttersprache beherrscht" (Kinder sind anders, S. 61 ff).

„Aber um sich erinnern zu können, ist ein Gedächtnis nötig, und das Kind hat kein Gedächtnis, es muss es erst aufbauen. Es müsste fähig sein, zu überlegen, um sich darüber klar zu werden, dass der Satzbau zum Verständnis notwendig ist. Aber das Kind besitzt nicht die Fähigkeiten zu überlegen, es muss sich diese erst schaffen.

Unser Geist, so wie er ist, würde nie dasselbe erreichen wie der des Kindes. Für eine Eroberung wie die der Sprache ist eine andere Geistesform nötig, und diese Form eben besitzt das Kind: Eine Form von Intelligenz, die sich von der unsrigen unterscheidet.

Man könnte auch sagen, dass wir unser Wissen mit Hilfe unserer Intelligenz aufnehmen, während es das Kind mit seinem psychischen Leben absorbiert. Einfach in dem es lebt, erlebt das Kind die Sprache seiner Rasse. In ihm ist eine Art ‚geistige Chemie' am Werk. Wir sind Aufnehmende; wir füllen sie mit Eindrücken und behalten sie in unserem Gedächtnis, werden aber nie eins mit ihnen, so wie das Wasser vom Glas getrennt bleibt. Das Kind hingegen erfährt eine Veränderung: Die Eindrücke dringen nicht nur in seinen Geist ein, sondern formen ihn. Die Eindrücke inkarnieren sich in ihm ... Unbewusst nimmt es alles in sich auf und wechselt allmählich vom Unbewussten zum Bewussten über auf einen Weg, der voller Freude und Liebe ist.

Das menschliche Bewusstsein erscheint uns als eine große Errungenschaft. Sie muss bewusst werden, einen menschlichen Geist erlangen! Aber diese Errungenschaften müssen wir teuer bezahlen, denn sobald wir das Bewusstsein erlangen, kostet uns jedes neue Wissen harte Arbeit und Mühe ... Die Sprache in ihrer ganzen Komplexität tritt in seinem Geist auf und so auch die Fähigkeit, seine Bewegungen je nach den Erfordernissen seines Leben zu steuern. Aber das ist noch nicht alles. Viele andere Dinge erlernt das Kind mit erstaunlicher Schnelligkeit. Es macht sich alles aus seiner Umgebung zu Eigen: Gewohnheiten, Sitten, Religion prägen sich fest in seinen Verstand ein.

Die Bewegungen, die das Kind erlernt, formen sich nicht durch Zufall, sondern werden gemäß der jeweiligen besonderen Entwicklungsperiode bestimmt ... Durch Erfahrungen in der Umgebung überprüft es in der Form des Spiels die Dinge und Eindrücke, die sein unbewusster Geist empfangen hat. Durch die Arbeit wird es bewusst und baut den Menschen auf. Das Kind wird von einer geheimnisvollen, starken Kraft geführt, die es allmählich inkarniert. Es wird durch das Werk seiner Hände und seiner Erfahrung zum Menschen: erst durch das Spiel, und dann durch die Arbeit. Die Hände sind das Werkzeug der menschlichen Intelligenz ... Das Kind tritt ins Leben ein und beginnt seine geheimnisvolle Arbeit; nach und nach prägt es seine wunderbare Persönlichkeit, die sowohl seiner Zeit auch seiner Umwelt entspricht. Es baut seinen Geist auf, bis sich Stück für Stück das Gedächtnis bildet, die Fähigkeit, zu verstehen und zu denken. Somit erreicht es schließlich sein sechstes Lebensjahr. Und jetzt entdecken wir Erzieher plötzlich, dass dieses Individuum versteht, dass es die Geduld aufbringt, uns zuzuhören, während wir früher keine Möglichkeit hatten, zu ihm vorzudringen. Es lebte in einer anderen Sphäre ... Wir Erwachsenen haben nicht die Aufgabe zu lehren, sondern wir müssen den kindlichen Geist bei der Arbeit seiner Entwicklung unterstützen ... Die Entdeckung, dass der Geist des Kindes fähig ist zu absorbieren, hat eine Revolution im Bereich der Erziehung hervorgerufen. Jetzt ist es verständlich, warum die erste Periode der menschlichen Entwicklung, in der sich der Charakter bildet, die wichtigste ist. In keinem anderen Lebensalter ist eine einzige Hilfe notwendiger, und jedes Hindernis, das sich dem Kind in dieser Zeit in den Weg stellt, vermindert die Möglichkeit, sein schöpferisches Werk zu vervollkommnen ... Die Erziehung wird zur Hilfe für das Leben des Kindes, für die psychische Entwicklung des Menschen werden und nicht mehr ein Aufdrängen unserer Ideen, Taten und Worte, wenn man verstanden hat, dass diese Energien einem unbewussten Geist angehören, der durch Arbeit und Erfahrungen in seiner Umwelt bewusst werden muss; wenn es klar wird, dass sich der kindliche Geist von unserem unterscheidet, dass wir diesen nicht durch einen Wortunterricht ansprechen können, dass wir nicht direkt in den Prozess des Übergangs vom Unbewussten zum Bewusstsein und in den des Aufbaues der menschlichen Fähigkeiten eingreifen können.

Das ist der neue Weg, den die Erziehung eingeschlagen hat: dem Geist in seinen verschiedenen Entwicklungsvorgängen zu helfen und die verschiedenen Energien und Fähigkeiten zu unterstützen und zu verstärken" (Das kreative Kind, S. 23 f).

Ist es nicht faszinierend, wie das Kind in seinen Empfängnisperioden Sprache und Wissen erwirbt? Wenn wir es einschränken und es nicht die Möglichkeit hat, eben diesen inneren Direktiven gemäß zu handeln, dann sind Chancen für immer verpasst.

Dies mag aufs Erste erschreckend klingen und zwingt uns in große Verantwortung. Wir sind gefordert, das unsrige dazu zu tun, dass das Kind in seinen sensiblen Perioden nicht unter Einschränkungen oder Störungen leidet, die die Tätigkeit des absorbierenden Geistes einschränken könnten. Wir müssen die Kinder beobachten, um wahrzunehmen, wie ihre Entwicklung abläuft, manchmal scheinbar stagniert und dann wiederum in Riesenschritten vorangeht. Wachsamkeit im Blick auf das Kind muss deshalb ein wichtiges Prinzip für den Erziehungsalltag sein oder werden.

Der absorbierende Geist des Kindes ist eine privilegierte Form der Aufnahme. Es wäre wunderbar, wenn wir ein Leben lang das Wissen einfach in unseren Geist eindringen lassen könnten, so wie wir atmen oder essen. Denken wir hingegen an die Mühen des Wissenserwerbes, an die harte Arbeit des Lernens. Es ist wunderbar, was sich im Kind vollzieht und wir müssen deshalb unser ganz besonderes Augenmerk auf die Kindheit richten. Das Kind wird in seinem späteren Leben nie mehr so viel und so unterschiedliche Dinge lernen, sich so differenziertes Wissen aneignen, scheinbar spielend im „Vorbeigehen" eine Sprache erwerben wie in den ersten sechs Lebensjahren.

Und Maria Montessori weist ganz deutlich darauf hin, dass es nicht unsere Aufgabe ist, das Kind zu lehren oder zu belehren, sondern vielmehr, dass wir den kindlichen Geist bei seiner Entwicklungsarbeit unterstützen müssen. Mit der Akzeptanz der Tatsache, dass der Geist des Kindes fähig ist zu absorbieren, müssen wir die Konsequenzen für die Erziehung erkennen.

Zwischenbemerkung: Bei den Überlegungen zu den wichtigsten Grundzügen der Montessori-Pädagogik wird deutlich, dass ihr Konzept im Fluss ist. Es sind nicht einzelne sich voneinander abgrenzende Gedanken. Ihre Sichtweise vom Kind bindet ihre konzeptionellen Bausteine zusammen und führt ihre Gedanken zu einem entwicklungspädagogischen ganzheitlichen und zeitlosen Ansatz zusammen.

4 Das Kind als Baumeister des Menschen

Klingt es nicht im ersten Augenblick befremdend, das Kind als Baumeister des Menschen zu betrachten? Wird damit nicht das Kind über den Menschen (eventuell den Erwachsenen) gestellt? Oder soll damit nur die außergewöhnliche Entwicklungsleistung des Kindes hervorgehoben werden? Ein Baumeister plant ein Bauwerk. Er muss dabei Entscheidungen treffen zum Material, zum Umfang, zur Statik, zur Nutzbarkeit. Er muss quasi sein Bauwerk „ertüchtigen", dass es in dieser Welt Bestand haben kann. Dies ist eine sehr verantwortungsvolle Aufgabe und bedarf genauer Planung.

Maria Montessori geht davon aus, dass in jedem Kind quasi ein Bauplan seines Selbst stecken würde und es die Aufgabe des Kindes sei, den Menschen zu bilden.

„Das Heranwachsen des Individuums darf nicht dem Zufall überlassen werden. Es muss vielmehr wissenschaftlich mit größerer Sorgfalt überdacht werden, um dem Individuum eine bessere Entwicklung zu ermöglichen. Alle sind sich darüber einig, dass das Individuum, dem mehr Pflege und Sorge zuteil wurde, stärker, geistig ausgeglichener und mit energischerem Charakter heranwächst. Mit anderen Worten: Das Kind bedarf außer einer physischen auch einer geistigen Hygiene. Die Wissenschaft hat weitere Entdeckungen gemacht, die die erste Zeit des Lebens betreffen: Das Kind verfügt über größere Energie als im Allgemeinen angenommen wird ... Das Kind ist nicht ein leeres Gefäß, das wir mit unserem Wissen angefüllt haben und das so alles uns verdankt. Nein, das Kind ist der Baumeister des Menschen, und es gibt niemanden, der nicht von dem Kind, das er selbst einmal war, gebildet wurde. Die größeren schöpferischen Energien des Kindes, von denen wir bereits mehrmals gesprochen haben und die das Interesse der Wissenschaftler erweckten, wurden bisher vom Ideenkomplex, der sich um die Mutterschaft gebildet hat, in den Schatten gestellt. Es hieß: Die Mutter bringt das Kind zur Welt, sie lehrt es sprechen, gehen usw. Aber dies ist jedoch absolut nicht das Werk der Mutter, sondern eine Eroberung des Kindes. Die Mutter trägt das Neugeborene aus, aber das Neugeborene bringt den Menschen hervor. Stirbt die Mutter, so wächst das Kind dennoch heran und vollbringt den Aufbau des Menschen. Ein indisches Kind, das nach Amerika kommt und dort von Amerikanern aufgezogen wird, erlernt die englische Sprache und nicht die indische. Die Kenntnis der Sprache stammt also nicht von der Mutter, sondern das Kind eignet sich die Sprache so wie die Angewohnheiten und Gebräuche der Menschen an, unter denen es lebt. Es ist also nichts Ererbtes in diesen Eroberungen. Das Kind formt von sich aus den zukünftigen Menschen, in dem es seine Umwelt absorbiert.

Eine Anerkennung dieses großen Werkes, dass das Kind vollbringt, bedeutet jedoch nicht eine Herabsetzung der elterlichen Autorität; im Gegenteil, sind diese einmal davon überzeugt, nicht Baumeister, sondern Helfer des Aufbaues zu sein, werden sie umso besser ihre Pflicht erfüllen und das Kind mit größerem Weitblick unterstützen.

Aber nur wenn diese Hilfe in angemessener Form erteilt wird, kann das Kind einen guten Aufbau vollbringen. Auf diese Weise stützt sich die Autorität der Eltern nicht mehr auf ihre Würde an sich, sondern auf die Hilfe, die sie ihren Kindern zuteil werden lassen. Darin gründet die wahre große Autorität und Würde der Eltern … Übertragen wir nun diese Idee auf unser Gebiet und werden wir uns bewusst, dass das Kind ein Arbeiter ist, dessen Aufgabe es ist, den Menschen hervorzubringen. Die Eltern stellen zwar diesem Arbeiter die wesentlichen Mittel zum Leben und für seine aufbauende Arbeit zur Verfügung, aber dem sozialen Problem der Kindheit muss eine viel größere Bedeutung beigemessen werden, denn das Kind stellt keinen materiellen Gegenstand her, sondern schafft die Menschheit selbst: nicht eine Rasse, eine Kaste oder eine soziale Gruppe, sondern die gesamte Menschheit. Dieser Tatsache zufolge muss die Gesellschaft dem Kinde Rechnung tragen und seine Rechte anerkennen, in dem sie für seine Bedürfnisse aufkommt. Machen wir das Leben selbst zum Gegenstand unserer Aufmerksamkeit und unseres Studiums, werden wir dem Geheimnis des Menschseins näher kommen und die Macht in unseren Händen haben, die Menschheit zu lenken und ihr zu helfen … Diese Art der Erziehung soll eine Lebenshilfe sein; eine Erziehung, die bei der Geburt beginnt, die einer

Revolution, frei von jeder Gewalt, den Weg bereitet und die alle in einem gemeinsamen Endziel vereint und sie zu einem einzigen Mittelpunkt zieht. Mütter, Väter und Staatsmänner, alle werden sich darüber einig sein, dieses zarte Bauwerk zu respektieren und zu unterstützen, das unter der Leitung eines inneren Lehrmeisters unter psychisch geheimnisvollen Bedingungen errichtet wurde. Dies ist eine neue, leuchtende Hoffnung für die Menschheit. Nicht ein Wiederaufbau, sondern eine Hilfe zum Aufbau, den zu vollenden die menschliche Seele berufen ist, ein Aufbau, der die Entwicklung all der ungeheuren Möglichkeiten des Menschenkindes bedeutet" (Das kreative Kind, S. 13 ff).

Müssten wir mit diesem Wissen oder dieser Annahme nicht jedem Kind mit größtem Respekt gegenübertreten? Stattdessen machen wir uns die Leistungen des Kindes gar nicht bewusst. Auch wir selbst wurden von dem Kind, das wir einmal waren, gebildet. Bewerten wir unsere Kindheit in der Rückschau auch wirklich in ausreichendem Maße?

„So müssen wir denn das Kind als schicksalhaft für unser Zukunftsleben ansehen. Wer immer für die menschliche Gesellschaft einen echten Vorteil erreichen will, der muss beim Kinde ansetzen, nicht nur, um es vor Abwegen zu bewahren, sondern auch, um das wirkliche Geheimnis unseres Lebens kennen zu lernen. Von diesem Gesichtspunkt aus betrachtet, stellt sich die Gestalt des Kindes machtvoll und geheimnisreich dar, und wir müssen über sie nachsinnen, auf dass das Kind, welches das Geheimnis unserer Natur in sich birgt, unser Lehrmeister werde" (Kinder sind anders, S. 289).

Immer wenn wir Kinder beobachten, erleben wir neue Überraschungen. Wir sind nicht nur fasziniert, mit wie viel Ausdauer und Konzentration sie ihre Aktivitäten wiederholen und sich mit jedem Male dem Erfolg einen Schritt nähern. Wir können die Art ihres Lernens gar nicht nachvollziehen und unser Erstaunen ist groß.

Ein Grundsatz Maria Montessoris, der aus dem Verständnis, „Kind als Baumeister des Menschen", abzuleiten wäre, könnte lauten:

Sie müssen als Erwachsener dem Kind ein Umfeld schaffen, in dem sich alle Entwicklungen optimal vollziehen können.

Dies bedeutet wiederum, dass Sie gut beobachten und vor allem Vorurteile überwinden müssen. Mit jedem Vorurteil, das überwunden wird, wird quasi ein „Baustein" für den Aufbau des Menschen gewonnen.

Nach Auffassung Maria Montessoris kümmern sich die Erwachsenen (sie spricht von den Lehrerinnen) um viel zu viel, während nur eine einzige Sache notwendig wäre. Wir glauben zu wissen, was leicht oder schwierig für das Kind ist, obwohl wir keine Erfahrungen in der Beobachtung des Kindes in einer bestimmten Sache haben.

Der Erwachsene erklärt sich als unentbehrlich für die Entwicklung des Kindes.

„Auch hier gibt es ein Vorurteil, nämlich, dass ein sich selbst überlassenes Kind mit dem Geist vollständig ruht. Wäre dies der Fall, dann hätte es mit der Welt nichts zu tun. Stattdessen sehen wir, wie es sich allmählich spontan Begriffe und sprachlichen Ausdruck erwirbt. Es ist wie ein Reisender im Leben, der das Neue um sich herum beobachtet, das sich ihm darbietet, und versucht, die unbekannte Sprache seiner Umgebung zu verstehen und spontan große Anstrengungen macht, um zu begreifen und nachzuahmen. Der Unterricht, der den Kleinen erteilt wird, muss ja gerade diese Anstrengung für sie verringern und zum Genuss der erleichterten und erweiterten Eroberung umformen: Wir sind die Fremdenführer dieser Reisenden, die in das Leben des menschlichen Denkens eintreten und ihnen helfen, keine Kraft und Zeit mit unnötigen Dingen zu vergeuden" (Die Entdeckung des Kindes, S. 184 ff).

Der Erwachsene muss seine Rolle neu definieren. Er ist Wegbegleiter oder, um im Wortlaut Maria Montessoris zu bleiben, Fremdenführer für den Reisenden Kind. Die Kinder haben dann die Möglichkeit, selbst Entdeckungen zu machen.

„Wir müssen von normalen Kindern Folgendes erwarten: Die spontane Untersuchung der äußeren Umgebung, wie ich es nenne, die freiwillige Erforschung der Umgebung. In solch einem Fall empfinden die Kinder eine Freude bei jeder ihrer Neuentdeckungen; dies gibt ihnen ein Gefühl von Würde und Befriedigung, das sie ermutigt, immer neue Eindrücke in der Umgebung zu suchen, und macht aus ihnen spontane Beobachter ... Einmal macht ein Kleiner eine unserer Zeichnungen – sie bestand darin, mit Farbstiften in ihren Umrissen aufgezeichnete Figuren auszufüllen –, dabei kolorierte er gerade einen Baum: Für den Stamm nahm er einen Rotstift; die Lehrerin wollte eingreifen und ihn fragen: ‚Meinst du, dass Bäume einen roten Stamm haben?' Ich hielt sie jedoch zurück und ließ den Kleinen den Baum rot anmalen. Diese Zeichnung war für uns wertvoll, denn sie enthüllte uns, dass wir die Umgebung nicht genau beobachteten. In der Schule machte er weiterhin die Übungen zur Schulung des Farbsinnes. Er ging mit den anderen in den Garten und konnte immer die Farbe der Baumstämme beobachten. War die Sinnesübung erst einmal weit genug fortgeschritten, um die spontane Aufmerksamkeit des Kleinen auf die Farben seiner Umgebung zu lenken, würde er eines schönen Tages merken, dass ein Baumstamm nicht rot ist, genauso wie das andere Kind beim Laufen gemerkt hatte, dass der Himmel blau ist. Tatsächlich nahm er eines Tages einen braunen Stift, um den Stamm anzumalen, während er Zweige und Blätter grün machte. Später malte der Kleine auch alle Zweige braun und nur noch die Blätter grün ... Beobachter werden nicht dadurch geschaffen, dass man sagt: Beobachte, sondern indem man das Mittel zur Beobachtung gibt. Dieses Mittel ist die Sinnesausbildung. Wurde erst einmal die Beziehung zwischen dem Kind und seiner Umgebung hergestellt, dann ist auch der Fortschritt gewährleistet, da die verfeinerten Sinne dazu führen, die Umwelt besser zu beobachten, die mit ihrer die Aufmerksamkeit anziehenden Vielfalt die Sinnesausbildung fortführt.

Lassen wir jedoch die Ausbildung der Sinne unbeachtet, so stellen die Kenntnisse über die Eigenschaften der Körper lediglich einen Teil der Bildung dar, die sich ja gerade auf die erlernten Kenntnisse beschränkt, an die man sich erinnert, und diese bleiben steril. Hat also der Lehrer nach der alten Methode zum Beispiel den Namen der Farben gelehrt, so hat er eine Kenntnis über eine bestimmte Eigenschaft vermittelt, er hat nicht das Interesse an der Farbe gebildet. Das Kind wird diese Farbe kennen lernen, sie von einem Mal zum anderen vergessen und sich höchstens innerhalb der Grenzen der vom Lehrer empfangenen Lektionen bewegen. Wenn dann der Lehrer nach der alten Art den Gedanken dadurch verallgemeinert, dass er zum Beispiel sagt: ‚Welche Farbe hat diese Blume? Dieses Band?' usw., wird die Aufmerksamkeit des Kindes wahrscheinlich stumpfsinnig auf die vom Erzieher vorgeschlagenen Beispiele fixiert.

Falls wir das Kind mit einer Uhr oder sonst einem komplizierten Mechanismus vergleichen, so kann man sagen, dass die alte Methode der Tätigkeit gleichzusetzen ist, die man beim Anstoßen der Zähnchen von stehenden Rädern mit dem Fingernagel ausübt, um sie in Bewegung zu setzen, wobei die Umdrehung genau der vom Nagel übertragenen Antriebskraft entspräche (die Bildung, die auf das Einwirken des Lehrers auf den Schüler beschränkt bleibt). Die neue Methode hingegen ähnelt dem Aufziehen, das das gesamte Laufwerk in spontane Bewegung versetzt, eine Bewegung, die in direkter Beziehung zum Mechanismus und nicht zum Tun dessen steht, der ihn aufgezogen hat ...

Die Bewegung, also die spontane psychische Aktivität, geht in unserem Fall von der Sinnesausbildung aus und wird durch die beobachtende Intelligenz erhalten ... Unser erzieherisches Ziel für das frühe Kindesalter muss darin bestehen, der Entwicklung behilflich zu sein und nicht Bildung zu vermitteln. Deshalb müssen wir warten, bis sich die beobachtende Aktivität entfaltet, nachdem wir dem Kind das zur Entwicklung der Sinne geeignete Material vorgelegt haben" (Die Entdeckung des Kindes, S. 187 ff).

In vielen Beispielen zeigt Montessori immer wieder auf, wie Kinder Erwachsene mit ihrem Selbstaufbau überraschen.

5 Die Polarisation der Aufmerksamkeit

Kein Erwachsener kann sich so in eine Sache vertiefen wie es Kinder tun. Sie konzentrieren sich, versinken in eine Betrachtung, in tiefe Aufmerksamkeit. Eltern und Erzieher nehmen diese Aufmerksamkeit kaum wahr. Unkonzentriertheit hingegen lässt sie sofort aktiv werden. Aufmerksamkeit, wie sie uns kleine Kinder zeigen, ist ein Phänomen. Sie scheinen quasi ihre Umgebung „zu verlassen", schalten ab und reagieren nicht – es sei denn, die Mutter, der Vater, die Erzieherin stören sie. Diese Störung wirkt wie ein Zerbrechen der Aufmerksamkeit und es dauert oft lange, bis das Kind wieder in eine Aktivität bzw. Beschäftigung zurückfindet.

Montessori vertritt die Auffassung, dass die Organisation des psychischen Lebens mit dem charakteristischen Phänomen der Aufmerksamkeit beginnt. Vertreten wir nicht nur meist eine gegenteilige Auffassung, nämlich dass insbesondere kleine Kinder nur schwer bei einer Sache bleiben, dies und das in die Hand nehmen, weglegen und kein konkretes Ziel in den Augen von uns Erwachsenen verfolgen?

Wir lesen in so manchen Erziehungsratgebern, dass man je nach Alter des kleinen Kindes nicht erwarten dürfe, dass es länger als fünf bis 30 Minuten bei einer Sache bliebe. Mit dieser Haltung beobachten wir das Kind und siehe da, das Kind scheint unsere Haltung zu erspüren und wird unruhig, verlässt eine Aufgabe, ohne sie zu Ende geführt zu haben.

Auch in der Ausbildung von Erziehern heißt es oft, dass ein erzieherisches Beschäftigungsangebot im Kindergarten nicht länger als 30 Minuten dauern dürfte, denn länger könnten sich Kinder nicht konzentrieren. Wenn Maria Montessori über ihre Beobachtungen referiert, so sagt sie uns etwas Gegensätzliches:

„Meine experimentelle Arbeit mit kleinen Kindern von drei bis sechs Jahren stellt einen praktischen Beitrag zur Erforschung der Pflege, deren die Seele des Kindes bedarf, dar: Eine ähnliche Pflege, wie sie die Hygiene für seinen Körper gefunden hat.

Ich halte es jedoch für notwendig, das grundlegende Faktum hervorzuheben, das mich zur Festlegung dieser Methode führte.

Als ich meine ersten Versuche unter Anwendung der Prinzipien und eines Teils des Materials, die mir vor vielen Jahren bei der Erziehung schwachsinniger Kinder geholfen hatten, mit kleinen normalen Kindern von San Lorenzo durchführte, beobachtete ich ein etwa dreijähriges Mädchen, das tief versunken in der Beschäftigung mit einem Einsatzzylinderblock war, aus dem es die kleinen Holzzylinder herauszog und wieder an ihre Stelle steckte. Der Ausdruck des Mädchens zeugte von so intensiver Aufmerksamkeit, dass sie für mich eine außerordentliche Offenbarung war. Die Kinder hatten bisher noch nicht eine solche auf einen Gegenstand fixierte Aufmerksamkeit gezeigt. Und da ich von der charakteristischen Unstetigkeit der Aufmerksamkeit des kleinen Kindes überzeugt war, die rastlos von einem Ding zum anderen wandert, wurde ich noch empfindlicher für dieses Phänomen.

Zu Anfang beobachtete ich die Kleine, ohne sie zu stören, und begann zu zählen, wie oft sie die Übung wiederholte, aber dann, als ich sah, dass sie sehr lange damit fortfuhr, nahm ich das Stühlchen, auf dem sie saß, und stellte das Stühlchen mit Mädchen auf den Tisch; die Kleine sammelte schnell ihr Steckspiel auf, stellte den Holzblock auf die Armlehnen des kleinen Sessels, legte sich die Zylinder in den Schoss und fuhr mit ihrer Arbeit fort. Da forderte ich alle Kinder auf zu singen; sie sangen, aber das Mädchen fuhr unbeirrt fort, seine Übung zu wiederholen, auch nachdem das kurze Lied beendet war. Ich hatte 44 Übungen gezählt; und als es endlich aufhörte, da tat es dies unabhängig von den Anreizen der Umgebung, die es hätten stören können; das Mädchen schaute zufrieden um sich, als erwachte es aus einem erholsamen Schlaf.

Mein unvergesslicher Eindruck glich, glaube ich, dem, den man bei dieser Entdeckungen verspürt.

Das Phänomen wurde allgemein bei den Kindern. Es konnte also als eine beständige Reaktion festgestellt werden, die im Zusammenhang mit gewissen äußeren Bedingungen auftritt, die bestimmt werden können. Und jedes Mal, wenn eine solche Polarisation der Aufmerksamkeit stattfand, begann sich das Kind vollständig zu verändern. Es wurde ruhiger, fast intelligenter und mitteilsamer. Es offenbarte außergewöhnliche innere Qualitäten, die an die höchsten Bewusstseinsphänomene erinnern wie die der Bekehrung.

Es schien, als hätte sich in einer gesättigten Lösung ein Kristallisationspunkt gebildet, um den sich dann die gesamte chaotische und unbeständige Masse zur Bildung eines wunderbaren Kristalls vereinte. Nachdem das Phänomen der Polarisation der Aufmerksamkeit stattgefunden hatte, schien sich in ähnlicher Weise alles Unorganisierte und Unbeständige im Bewusstsein des Kindes zu einer inneren Schöpfung zu organisieren, deren überraschende Merkmale sich bei jedem Kinde wiederholen.

Das ließ an das Leben eines Menschen denken, das sich zwischen den Dingen in einem niederen chaotischen Zustand verlieren kann, bis eine besondere Sache es intensiv ansieht und fixiert – dann erlebt der Mensch die Offenbarung seiner selbst und er fühlt, dass er zu leben beginnt.

Dieses geistige Phänomen, das das ganze Bewusstsein des Erwachsenen miteinbeziehen kann, ist also nur einer der konstanten Aspekte des Vorgangs der ‚inneren Bildung'. Es zeigt sich als normaler Anfang des inneren Lebens der Kinder und begleitet ihre Entwicklung, so dass es wie ein experimentelles Faktum der Forschung zugänglich ist.

Auf diese Weise offenbarte sich die Seele des Kindes, und davon geleitet entstand eine neue Methode, in der die geistige Freiheit des Kindes deutlich wurde.

Die Erzählung von dieser Anfangsgeschichte verbreitete sich rasch in der ganzen Welt und schien zuerst wie die Geschichte eines Wunders. Dann, als die Versuche bei den verschiedensten Völkern zahlreicher wurden, klärten sich nach und nach die einfachen und offensichtlichen Prinzipien dieser geistigen ‚Behandlung'" (Grundgedanken der Montessori-Pädagogik, S. 17ff).

Würden wir Kinder mit großer Zurückhaltung beobachten, so könnten wir diesem Phänomen der Polarisation der Aufmerksamkeit häufig begegnen. Damit es aber möglich wird, fordert Montessori die neue Lehrerin. Ich würde sogar noch weitergehen. Nicht nur „neue" Erwachsene sind notwendig, sondern auch eine „neue" Pädagogik. Die immer noch vorherrschende Angebots- und Aufforderungspädagogik muss abgelöst werden von einer Entwicklungspädagogik. Ein solcher Gedanke scheint sich aber nur sehr langsam durchzusetzen. Vorsicht auch vor der Verwechslung mit dem zum Beispiel im Kindergarten weit verbreiteten Situationsansatz mit all seinen Interpretationen! Es geht nicht um das Wahrnehmen von Alltagsvorgängen, die sich als Lernsituationen für Kinder eignen – aus der Sicht des Erwachsenen.

Wenn wir uns auf die vorbereitete Umgebung besinnen, die sensiblen Perioden der Entwicklung und die Theorie, dass das Kind der Baumeister seines Selbst ist, dann sind dies alles Bausteine, die eine Entwicklungspädagogik überhaupt erst möglich machen.

Maria Montessori betont immer wieder, dass die Umgebung den Kindern gehört und kritisiert gleichzeitig, dass Kinder unterdrückt werden, wenn sie nicht den notwendigen Raum für eine gesunde Entwicklung haben. Das Kind hat eine Tendenz zur Vollkommenheit und das zeigt sich insbesondere darin, dass es seine Tätigkeiten fortsetzt, wiederholt, bis es selbst mit dem Erreichten zufrieden ist. Jetzt könnte man annehmen, dass dann die Aufmerksamkeit nachließe, weil das Kind hier eine bestimmte Stufe der Tüchtigkeit erreicht hätte. Nein, das Kind wiederholt viele Male etwas, was es schon kann. Es bestätigt sich damit selbst, erfährt Selbstsicherheit und ist stolz auf seine Leistung.

Und was machen Eltern und Erzieher? Sie meinen „das kannst du doch schon!" „Nicht schon wieder, das ist doch langweilig!" „Also hör auf damit, dafür bist du schon zu groß" usw. Damit zeigen Sie, dass Sie weder das Phänomen der Aufmerksamkeit erkannt noch die Entwicklungsschritte Ihres Kindes richtig einordnen können. Es bleibt also für Sie als Eltern, Erzieher, Lehrer die Forderung nach Beobachtung des Kindes, dann Reflexion des Beobachtungsergebnisses und dann das Erkennen und Umsetzen von Konsequenzen für die vorbereitete Umgebung und das eigene (Erziehungs-)Verhalten.

Der Erwachsene muss Respekt haben vor der „Lern- und Arbeitsleistung" des Kindes. Vielleicht kann er selbst das Phänomen der Polarisation der Aufmerksamkeit an sich erleben?!

Montessoris Gedankengut wurde von verschiedenen aktuellen pädagogischen Ansätzen punktuell aufgegriffen und viele Aspekte in neuere pädagogische Richtungen integriert. So finden sich manche Ideen und Gedanken zum Beispiel wieder in der Reggio-Pädagogik (wenn Ihr Kind einen Kindergarten besucht, so haben Sie sicher im Rahmen der Elternarbeit schon von diesem pädagogischen Ansatz in Italien gehört) oder im amerikanischen High/Scope. A. Clay Shouse geht dabei von folgenden Grundannahmen hinsichtlich der menschlichen Entwicklung aus:

- „Menschen entwickeln Fähigkeiten in voraussagbaren Phasen während ihres gesamten Lebens. Mit zunehmender Reifung tauchen neue Fähigkeiten auf.
- Trotz der generellen Vorhersagbarkeit der menschlichen Entwicklung entfaltet jeder Mensch von Geburt an einzigartige Charakteristika, die sich durch tägliche Interaktionen fortschreitend zu einzigartigen Persönlichkeitsmerkmalen ausdifferenzieren. Lernprozesse laufen immer im Kontext der individuellen Charakteristika, Fähigkeiten und Möglichkeiten einer jeden Person ab.
- Es gibt Phasen im Lebenslauf, während derer bestimmte Dinge am besten oder effizientesten gelernt werden können und es gibt Lehrmethoden, die zu bestimmten Zeiten im Entwicklungsverlauf angemessener sind als die anderen.

Unter den Voraussetzungen, dass die Veränderung im Laufe der Entwicklung ein grundsätzliches Wesensmerkmal des menschlichen Daseins ist, dass jeder Mensch einzigartig in seiner Entwicklung ist und dass es optimale Zeiträume für besondere Formen des Lernens gibt, lässt sich entwicklungsgemäße Erziehung anhand dreier Kriterien definieren. Eine Erziehungserfahrung, -prozedur oder -methode – ob vom Erwachsenen oder vom Kind initiiert – ist entwicklungsgemäß, wenn sie

- die geistigen Fähigkeiten des Lernenden trainiert und herausfordert, wie sie sich oft im jeweiligen Entwicklungsniveau herausbilden;
- den Lernenden ermutigt und ihm hilft, ein einzigartiges Gefüge von Interessen, Talenten und Zielen zu entwickeln;
- Lernerfahrungen dann anbietet, wenn die Lernenden am besten in der Lage sind, sie zu bewältigen und zu verallgemeinern sowie das Gelernte zu behalten, und wenn sie sie mit früheren Erfahrungen und zukünftigen Erwartungen in Beziehung setzen können" (A. Clay Shouse in Fthenakis/Textor, Pädagogische Ansätze im Kindergarten, S. 156ff).

6 Lernen mit der Drei-Stufen-Lektion

Montessoris anthropologisch-philosophische Gedanken zur Erziehung von Kindern werden begleitet von ihren praktischen Erfahrungen aus der Arbeit im Kinderhaus und dem Einsatz der nach ihr benannten Materialien sowie ihrer Methode der Drei-Stufen-Lektion.

Wie häufig verzweifeln wir, wenn wir Kindern unbedingt etwas beibringen wollen – was aus Erwachsenensicht unverzichtbar ist, bei Kindern jedoch wenig Interesse findet. Montessori hat eine einfache, aber sehr logische Methode entwickelt, die als eines ihrer wichtigsten Prinzipien eingestuft werden muss, die Drei-Stufen-Lektion.

Die Umgebung des Erwachsenen erachtet sie dabei als „keine lebensbringende Umwelt für das Kind, sondern eher als Anhäufung von Hindernissen, zwischen denen das Kind Abwehrkräfte entwickelt, zur verbildenden Anpassung genötigt wird und allerlei Subventionseinflüssen unterliegt" (Kinder sind anders, S. 153).

Montessori hat schon sehr frühzeitig entdeckt, dass Kinder mit ihren Sinnen sehr differenziert wahrnehmen, dass die Verknüpfung zwischen Wahrnehmung und Sprache jedoch noch stärkerer Aufmerksamkeit bedarf. So hielt sie das Prinzip der Drei-Stufen-Lektion für geeignet, die notwendige Verknüpfung herzustellen. Ihr eigener Bericht veranschaulicht den Weg zur Drei-Stufen-Lektion und erklärt die Methode:

„In dem persönlichen Geschick und in der Art des Eingreifens liegt die individuelle Kunst der Erzieherin.

In dem Kinderheim in Pratti di Castello, wo die Schüler dem Mittelstand angehören, fand ich einem Monat nach Eröffnung der Schule ein fünfjähriges Kind vor, das schon jedes Wort zusammensetzen konnte, das das Alphabet vollständig beherrschte – es hatte dieses in zwei Wochen gelernt. Der Knabe konnte an die Wandtafel schreiben, und in den freien Zeichenübungen erwies er sich nicht nur als ein Beobachter, sondern legte ein inneres Erfassen der Perspektive an den Tag, indem er zum Beispiel ein Haus oder einen Stuhl sehr geschickt zeichnete. Bei den Übungen des Farbensinns konnte er die achte Abstufung der je acht Farben, die wir verwenden, mischen und aus den 24 Täfelchen, von denen jedes mit Seide von einer anderen Farbe oder Schattierung umwunden war, die acht Gruppen schnell voneinander sondern. Hierauf vollzog er mit Leichtigkeit die stufenweise Anordnung der einzelnen Schattierungen einer und derselben Farbe. Bei diesem Spiel war es beinahe, als überziehe der Knabe das kleine Tischchen mit einem Teppich von feinen Farbschattierungen. Dann machte ich den Versuch mit ihm, dass ich ihn zum Fenster nahm, dort in vollem Tageslicht eines der Farbtäfelchen vorzeigte und ihn aufforderte, es so genau anzusehen, dass er es nachher wieder erkenne. Er wurde dann wieder an den Tisch geschickt, an dem alle Schattierungen ausgebreitet lagen und aufgefordert, das kleine Täfelchen herauszufinden, welches gezeigt worden war. Er machte nur unbedeutende Fehler, fand oft genau die Schattierung, etwas häufiger die nächste, nur selten eine und zwei Stufen von der richtigen entfernte. Dieses Kind hatte eine Unterscheidungsgabe und ein Farbengedächtnis, die in diesem Alter als höchst merkwürdig bezeichnet werden müssen. Wie alle anderen Kinder betrieb er diese Übungen außerordentlich gern.

Als er nun aber die weiße Spule benennen sollte, zögerte er längere Zeit, bis er endlich unsicher antwortete: ‚Weiß.' Man hätte meinen sollen, ein solch intelligentes Kind müsste den Namen dieser Farbe ohne besondere Einwirkung der Lehrerin schon in der Familie gelernt haben.

Die Leiterin erzählte mir, dass es ihr nicht entgangen sei, wie der Knabe große Schwierigkeiten habe, sich die Benennung der Farben zu merken, sie habe ihn daher bis jetzt frei üben lassen mit den Spielen zur Übung des Farbensinns. Zu gleicher Zeit hatte er sich sehr rasch die Beherrschung der geschriebenen Sprache angeeignet, die nach meiner Methode durch eine Reihe von Aufgaben hindurch erlangt wird, welche ebenfalls Sinnesübungen darstellen. Dieses Kind war also sehr intelligent. Die Fähigkeit, Unterschiede der Sinnesreize wahrzunehmen, entwickelte sich in ihm gleichzeitig mit wichtigen intellektuellen Tätigkeiten, der Aufmerksamkeit und dem Urteil. Und doch blieb sein Namengedächtnis mangelhaft.

Die Leiterin hatte es für das Beste gehalten, bis jetzt noch nicht einzugreifen. Die Bildung des Kindes war tatsächlich ein wenig ordnungslos, und die Lehrerin hatte die spontane Entwicklung seiner geistigen Kräfte sich ganz frei entfalten lassen.

So wünschenswert es auch ist, die Erziehung der Sinne als Grundlage für geistige Vorstellungen zu betreiben, so ist zu gleicher Zeit doch auch sehr ratsam, die Sprache an diese Sinneswahrnehmungen zu knüpfen. Zu diesem Zweck habe ich die Drei-Stufen, aus denen nach Séguin der Unterricht besteht, zur Anwendung bei den Kleinen vortrefflich gefunden.

1. Stufe. Die Assoziation der Sinneswahrnehmung mit den Namen. Sie geben dem Kind zum Beispiel zwei Farben, rot und blau. In dem wir rot vorzeigen, sagen wir einfach: Dies ist rot – entsprechend bei blau. Dann legen wir die Spulen vor den Augen des Kindes auf den Tisch.

2. Stufe: Erkennen des dem Namen entsprechenden Gegenstandes. Wir sagen zum Kind: ‚Gib mir rot – blau'.

3. Stufe. Erinnerung an den den Gegenstand bezeichnenden Namen. Man zeigt dem Kind den Gegenstand und fragt: ‚Was ist diese?' Und es soll antworten: ‚rot.'

Séguin besteht fest auf diesen Drei-Stufen und verlangt, dass man die Farben einige Zeit vor den Augen der Kinder liegen lasse. Er rät ferner, die Farben nie einzeln, sondern immer zwei zugleich zu zeigen, da der Gegensatz das Farbengedächtnis unterstützt. Ich habe durch eigene Erfahrung festgestellt, dass es kein besseres Mittel gibt als dieses, die Schwachsinnigen in den Farben zu unterrichten, und sie lernen bei dieser Methode die Farben gründlicher kennen, als die normalen Kinder in den gewöhnlichen Schulen, wo die Erziehung der Sinne dem Zufall überlassen bleibt. Bei normalen Kindern geht jedoch den Drei-Stufen Séguins noch eine voraus, welche die eigentliche Erziehung der Sinne enthält. Es handelt sich dabei um die Erwerbung eines feinen Unterscheidungsvermögens, das nur auf dem Weg der Selbsterziehung zu erlernen ist.

Wir sehen hieraus an einem Beispiel die große Überlegenheit des normalen Kindes und den größeren Erfolg der Erziehung, den solche pädagogischen Methoden auf die geistige Entwicklung normaler im Vergleich zu den schwachsinnigen Kindern ausüben.

Die Assoziation des Namens mit dem Sinnesreiz ist eine Quelle vielen Vergnügens für das normale Kind. Eines Tages hatte ich ein kleines, noch nicht drei Jahre altes Mädchen, das in der Entwicklung der Sprache noch etwas zurück war, die Namen von drei Farben gelehrt.

Ich ließ die Kinder eines ihrer kleinen Tischchen ans Fenster bringen, und nachdem ich mich auf ein Stühlchen gesetzt hatte, ließ ich das Kind sich auch in ein solches, rechts von mir, setzen.

Ich hatte auf dem Tisch zwei Farbenspulen in Paaren. Das heißt zwei rot, zwei blau, zwei gelb. Auf der 1. Stufe legte ich eine der Spulen vor das Kind und forderte es auf, dazu die gleiche zu finden. Dies wiederholte ich für alle drei Farben und zeigte, wie sie sorgfältig paarweise anzuordnen seien. Hierauf ging ich zu den Drei-Stufen Séguin über.

Das Mädchen lernte die drei Farben kennen und den Namen einer jeden angeben.

Dies machte sie so glücklich, dass sie mich lange ansah und dann anfing, auf- und abzuhüpfen. Als ich ihre Freude sah, sagte ich lachend zu ihr: ‚Kennst du die Farben?', und sie, immer noch hüpfend, antwortete: ‚Ja! Ja!' Ihr Entzücken wollte kein Ende nehmen, sie tanzte um mich her und wartete, bis ich meine Frage wiederholte, damit sie wieder mit demselben Entzücken Ja sagen könnte" (Die pädagogische Bewegung vom Kinde aus, S. 78 ff).

Was sich uns hier so einleuchtend und klar darstellt, ist in der Praxis der Umsetzung für uns oft schwierig. Geduld gegenüber dem Kind ist gefordert.

Machen Sie hier beim Lesen eine Pause und überlegen, ob Sie sich im Alltag mit ihrem Kind so verhalten, wie Maria Montessori es hier beschreibt.

Wollen Sie nicht häufig, dass Ihr Kind schneller lernt, dass es das, was Sie ihm erklärt haben – meist viel zu viel und das augenblickliche Interesse des Kindes übersteigend –, sofort begreift und anwendet?

Die Methode der Drei-Stufen-Lektion wie überhaupt den Umgang mit den Montessori-Materialien sollten Sie erst einmal selbst an sich erproben. Dies ist schwierig, weil wir kaum bereit sind, das kindliche Lernen in kleinste Schritte zu „zerlegen" und dann diese auch noch nachzuvollziehen versuchen. Ebenso schwer vorstellbar ist es für die meisten Erwachsenen, dass das Kind voller Freude Sinnesreize und Namen zusammenbringen möchte. Hier wird deutlich, wie weit wir uns vom Kind entfernt haben, seine Lernschritte einfach ignorieren. Was kann die Folge sein? Das Kind fällt in „ungeordnete Arbeit", fühlt sich gestört und behindert vom Erwachsenen und wird so vielleicht zum Störenfried!

Montessori beauftragt den Erwachsenen, alle Materialien im Sinne der Drei-Stufen-Lektion einzuführen. Es gilt, das Kind zu beobachten, wann die 2. und 3. Stufe folgen können. Manchmal sind wir überrascht, wie schnell dies geschieht (siehe vorher von Montessori beschriebenes Beispiel), wir müssen aber auch Geduld haben, wenn das Kind mehr Zeit braucht. Drei-Stufen-Lektion und Material sind quasi untrennbar voneinander, dazu gehört außerdem noch die Sinneswahrnehmung. In dieser Dreiheit lernt das Kind an konkreten Dingen, die ihm den Weg zur Abstraktion von Zeichen oder Sprache erleichtern. So könnte die Drei-Stufen-Lektion auch Einzug halten in unsere Kinderzimmer als Methode kindgemäßer Entwicklungspädagogik.

7 Die Lektion der Stille

Was soll man sich unter einer Lektion der Stille vorstellen? Stille als ein Prinzip oder ein Grundsatz der Montessori-Pädagogik? Stille oder Schweigen als pädagogischer Appell?

Nach Montessoris Ansicht fehlt die Stille im menschlichen Leben. Sie entdeckt dieses Phänomen und lässt die pädagogische Tat folgen. Spricht man heute von der „Lektion der Stille", so entlockt dies meist auf dem Gesicht von Eltern und Erziehern ein verständnisloses Lächeln. Noch in den 70er Jahren gehörten Übungen der Stille zur Ausbildung von Erziehern und waren Thema in manchen Angeboten der Familienbildung. Dann wurden diese Themen und entsprechende Angebote als überholt und unnötig betrachtet.

Erziehung zur Stille, kann dieser Gedanke Montessoris heute noch als ein Grundprinzip gesehen werden? 1938 führt Montessori dazu in einem Vortrag in Holland aus:

„Es gibt in unserer Methode für die kleinen Kinder zwei Arten von Lektionen, die sehr bekannt geworden sind. Von der einen habe ich schon gesprochen. Es ist die ‚Lektion der drei Zeiten'. Die andere, bei der es sich um völlig anderes handelt, ist die ‚Lektion des Schweigens'!

Es ist das erste Mal, dass man von einer ‚Lektion' des Schweigens gesprochen hat, und das machte mehr Eindruck als die Lektion der drei Zeiten, weil alle Welt dem Gedanken verhaftet ist, dass eine Lektion immer irgendetwas Gesprochenes darstellt, eine Lektion gerade durch Rede entsteht. Wie könnte man dann jemals eine Schweige-Lektion erteilen? Oder, von der objektiven Seite, das heißt von der Seite des Kindes, weist dies uns auf etwas ganz anderes hin, worauf wir beharren wollen, nämlich dass wir alles, was wir die Kinder tun lassen, lehren müssen. Wogegen man in den gewöhnlichen Schulen bestimmte Dinge, die man beibringen muss, mit reden lehrt und anderes einfach befiehlt! Man sagt zum Beispiel ‚Ruhe!', da haben wir es, das Kommando! Und gerade um ‚Ruhe' zu sagen, schlägt man manchmal noch auf irgendetwas. Das ist wahrlich ein Widerspruch. Es ist völlig unlogisch! Nun, wenn wir das Schweigen wollen, müssen wir es lehren. Und bevor wir es lehren, müssen wir noch etwas anderes tun. Wir müssen in Betracht ziehen, dass man es demonstrieren, kennen lernen muss. Weil man gewöhnlich die Stille nicht kennt, verwechselt man sie mit einer gewissen Verminderung von Geräuschen, die gewöhnlich auch eine Verminderung von Unruhe bringt. Trotzdem weiß man, vor allen Dingen von der erzieherischen Seite her, dass die Stille einen sehr hohen inneren Wert hat und dass die Menschen, die sich zu vervollkommnen suchen oder die mit ihrer Intelligenz auf ein sehr hohes Niveau gelangen wollen, Künstler oder Dichter, diese Stille haben müssen. Das ist eine Notwendigkeit. Ist die Stille wahrhaft eine Notwendigkeit? Ich glaube ja, obwohl dies gewöhnlich nicht empfunden wird. Wenn ich mit jemandem Auto fahre, den ich nicht kenne und der nicht das Glück kennt, schweigend zu reisen, bin ich ein wahres Opfer, weil dieser andere Mensch meint, er müsse unaufhörlich sprechen. Manchmal gibt es jemanden, der mir sagt: ‚Lassen Sie mich auf den Platz nach hinten kommen, ich werde Sie überhaupt nicht belästigen.' Dann sage ich ihm: ‚Ja, das ist gut, aber wenn Sie nicht reden.' Oder wenn Leute einen Besuch machen, wirkt es sehr befremdlich, wenn nur eine Minute des Schweigens entsteht; alles ist beunruhigt, man will dem abhelfen, man denkt: ‚Wie kann man in diesem Schweigen, dieser Leere verbleiben!' Freilich gibt es in Italien eine Redewendung, die lautet: ‚Da, die Engel gehen vorüber!' Aber wenn ein Augenblick des Schweigens entsteht, dass alle verstummen, dann sucht man ängstlich, auf jede Weise dieses Schweigen zu unterbrechen. Und wenn die Stille bewusst wird, meint man immer, es sei niemand da, weil es das doch nicht gibt, dass da Menschen versammelt sind, die im Schweigen verharren oder die gar das Schweigen zu bewirken suchen. Das heißt, man beginnt erst im sozialen Leben unserer Tage, das Schweigen als irgend etwas Feierliches anzuerkennen, wie die ‚Schweigeminute'. Aber, sehen Sie, es bedurfte des europäischen Krieges, um dahin zu gelangen. So fern ist uns dies, obwohl wir manchmal in einer ländlichen Gegend sagen müssen: ‚Ruhe, welches Glück, hier gibt es Ruhe.' – Und auch die Dichter haben das Schweigen besungen; der Dichter, der zum Beispiel das Geräusch – und das ist nicht die

Stille, sondern ein minimales Geräusch – eines fallenden Wassertropfens schildert ... Ich hatte also gemerkt, dass die ganz kleinen Kinder von drei und vier Jahren, und später, dass auch die Kinder von zwei Jahren auf außerordentliche Weise das Schweigen lieben. Dies beeindruckt, weil wir die Vorstellung haben, dass da, wo es Kinder gibt, Lärm sein muss, dass die Kinder nahezu die Personifikation von Lärm sind. Das lässt begreifen, dass auch alles, was ich an Tatsächlichem, Erprobtem sage und von Dingen, die zu einer Erziehungsmethode werden konnten, dass alle diese Dinge doch eine Anlage verlangen, den Entwurf des normalisierten Kindes.

Trotzdem ist es nicht absolut richtig, denn ich habe in den Zeiten, als man sich ein wenig ernsthaft mit dieser Methode beschäftigte und es Leute gab, die sich gründlich damit befassten (jetzt betrachtet man sie manchmal als eine schon veraltete Sache), Mitteilungen erhalten, die lauteten: „Ich interessiere mich nicht sehr für diese Methode, aber ich habe die Lektion des Schweigens angewandt, und diese Lektion des Schweigens ist uns sehr nützlich gewesen, allmählich eine vollkommenere Disziplin zu erreichen. Da ist es also eine Übung der Disziplin in diesem Fall. Nun ist es wahr, dass man ruhig sein muss, um Stille zu bekommen, aber es ist auch wahr, dass man, indem man still ist, die Ruhe erlangen kann. Da sind zwei Dinge in einem. Diese Lektion des Schweigens ist also auf diese Art entstanden: Unter ganz bestimmten Umständen habe ich die Kinder aufgefordert, sich nicht zu bewegen. Ich trug nämlich in den

Armen ein ganz kleines Kind von vielleicht vier Monaten, das völlig eingewickelt war; es war wach, aber ganz ruhig. Da wollte ich ein kleines Spiel machen. Ich sagte den Kindern: ‚Na, ihr werdet eure Beine nicht so stillhalten können wie dieses kleine Baby!' Und ich glaubte, dass alle mir mit Lachen antworten würden. Das war es, was ich erwartete, da ich eben einen Scherz machen wollte, weil natürlich eine eingewickelte Person leichter stillhalten kann, als eine bewegungsfreie.

Doch ich bemerkte zweierlei: dass die Kinder nicht nur versuchten, sich so ruhig wie möglich zu verhalten. Sie machten in der Tat etwas, was Sie nicht tun würden, aber natürlich haben Sie nicht dieses Baby gesehen: Die kleinen Kinder setzten ihre Beine mit den Füßen ganz zusammen. Da hat mich dies natürlich verwundert; und überdies zeigten sie alle sehr ernste, sehr interessierte Gesichter. Jetzt suchte ich noch einen Scherz zu machen und sagte: ‚Ja, aber ich möchte noch etwas anderes sagen, das ihr sicher nicht machen könnt; hört ihr den Atem dieses kleinen Kindes? Man hört ihn wirklich nicht! Ihr würdet nicht auf so leise Art atmen können!' Nun würden die Kinder, glaubte ich, spätestens jetzt gelächelt haben. Aber im Gegenteil, die Gesichter der Größeren waren ganz ernst, und sie machten alle eine Anstrengung, ihren Atem zurückzuhalten. Sehen Sie, und da trat die Stille ein.

Und diese Stille war eine Offenbarung. Ich hätte doch nicht gedacht, dass diese kleinen Kinder diese geheimnisvolle einfache Sache, welche die Stille ist, derart lieben würden" (Die Macht der Schwachen, S. 149 ff).

Ist es nicht faszinierend, wie uns Montessori mit diesen Ausführungen in die „Lektion der Stille" oder „Lektion des Schweigens" einführt? Das Thema Stille ist heute aktueller denn je. Eltern, Erzieher, Lehrer klagen über laute, unbeherrschte Kinder. Aus Wohnungen hört man Erwachsene die Kinder anschreien und laut zurechtweisen. Der Erfolg: Die Kinder werden noch lauter! Der Lärmpegel in Kindertageseinrichtungen sei so hoch, dass er so schädlich sei wie der Lärm von Maschinen – ein Ergebnis von Untersuchungen. Versuchen Sie doch einmal, mit ihrem lauten Kind in Flüstersprache zu reden. Sie werden erstaunt sein von der Wirkung.

Stille ist etwas Feierliches, aber auch etwas Geheimnisvolles. In vielen Ritualen spielt Ruhe, Stille, Schweigen eine Rolle. In der Meditation lassen wir uns ein auf das Schweigen. Wenn wir in unseren Körper hineinhören, dann nehmen wir die Geräusche des Atems wahr, des Schluckens, den Wind in den Haaren, das Herzklopfen, die Luft im Magen oder Darm. Wenn wir so in uns hineinhören, werden wir still und entspannen uns. Wir werden motiviert, noch mehr zu hören. Montessori war überrascht vom Verhalten der Kinder, die es dem kleinen Baby nachmachen wollten. Je stiller wir sind, desto intensiver nehmen wir auf, desto besser können wir zuhören.

Das Verklingen von Musik wird nicht mehr als solches wahrgenommen, vielmehr klingt die Musik noch lange in uns nach. Nehmen Sie ein Becken und schlagen Sie es mit geschlossenen Augen über dem Kopf vorsichtig mit einem Filzklöppel an. Es ist, als ob sich ein Klangmantel um ihren Körper hüllen würde. Je häufiger Sie diese Übung wiederholen, desto länger scheint das Becken zu klingen. Immer sensibler nehmen wir die Töne wahr. Durch die Isolierung des Gehörsinns, die Sensibilisierung für akustische Wahrnehmung, erfahren wir ein Erlebnis der Stille, wird uns Stille bewusst.

Maria Montessori spricht vom Lehren der Stille. Von der Lektion. Heißt dies, dass man Stille „unterrichten" muss, das Schweigen üben? Sicher ist, dass das Kind Anreize braucht, die es zur Stille hinführen und ihm zum Erlebnis des Schweigens verhelfen. Stille und Schweigen werden in manchen Situationen von den Erwachsenen als unangenehm empfunden, ängstigend, eine geheimnisvolle Spannung in sich bergend. Es ist das Ungewohnte, was uns irritiert. Wir sind aus der Übung gekommen, haben Stille vielleicht vergessen.

Analysieren wir den Tagesablauf, so gibt es kaum Zeiten, die von Stille und Schweigen geprägt sind. Selbst in der Nacht, wenn wir im Bett liegen, sind wir umgeben von Geräuschen. Wenn sie laut oder unangenehm sind, können sie uns sogar aus dem Schlaf reißen. Stille spannt an und entspannt. Dies lässt sich deutlich machen am Beispiel des Erzählens. Wenn Sie Kindern eine Geschichte erzählen, so malen Sie mit Ihrer Stimme. Je leiser und je ruhiger Sie erzählen, desto mehr ziehen Sie die Kinder in den Bann des Wortes, umso ruhiger sind die Kinder. Sie sind gespannt und entspannen sich. Sie merken es am Atem der Kinder. Oft entspannen sich die Kinder so total, dass sie einschlafen. Viel mehr Momente der Stille muss es im Alltag der Kinder heute geben. Kinder können auch ganz bewusst die Stille halten, aushalten und sind stolz darauf. Sie tun dies mit Willen, was zu „künstlicher" Stille führt. Stille muss aber zur Normalität werden. Das ist das Ziel, das Montessori erreichen will. Der Weg oder ihr Weg dorthin ist ihre „Lektion der Stille".

„In den gewöhnlichen Schulen glaubt man immer, Stille ließe sich durch einen Befehl erzielen.

Dabei dachte man jedoch über den Sinn dieses Wortes nicht nach und wusste nicht, dass man ‚Unbeweglichkeit', ja fast die Einstellung des Lebens für diesen Augenblick verlangte, in dem die Stille erreicht war. Stille ist die Einstellung jeder Bewegung und nicht, wie man gewöhnlich in den Schulen meinte, ‚die Einstellung von Geräuschen, die über das normale, im Raum geduldete Geräusch hinausgehen'.

‚Stille' bedeutet in den gewöhnlichen Schulen das ‚Aufhören des Lärms', das Anhalten einer Reaktion, das Unterdrücken von Unarten und Unordnung.

Dabei lässt sich die Stille positiv als ein der normalen Ordnung ‚übergeordneter' Zustand verstehen, als eine plötzliche Behinderung, die Mühe kostet, eine Anspannung des Willens, durch den man sozusagen durch Isolierung des Geistes von den äußeren Stimmen von den Geräuschen des gewöhnlichen Lebens Abstand gewinnt.

In unseren Schulen haben wir absolute Stille erreicht, trotz einer Klasse mit mehr als 40 kleinen Kindern zwischen drei und sechs Jahren.

Ein Befehl hätte nie zu diesem wunderbaren Erfolg von Willensäußerungen führen können, die darin zusammenliefen, jede Handlung in einem Lebensabschnitt zu verhindern, indem die Bewegung das unwiderstehliche, kontinuierliche Merkmal des Alltags zu sein scheint.

Die kollektive Aktion wurde bei den Kindern erreicht, von denen jedes gewohnt war, bei der Suche nach innerer Befriedigung selbstständig zu handeln.

Es ist erforderlich, die Kinder Stille zu lehren. Dazu lasse ich verschiedene Übungen der Stille von ihnen durchführen, die in bemerkenswertem Maße zu der erstaunlichen Fähigkeit zur Disziplin unserer Kinder beitragen.

Ich lenke die Aufmerksamkeit der Kinder auf mich – und schweige.

Ich nehme verschiedene Positionen ein – stehe, sitze –, unbeweglich, schweigsam. Ein sich bewegender Finger könnte ein wenn auch nicht wahrnehmbares Geräusch verursachen; ich könnte hörbar atmen, aber nein, alles ist ganz still. Das ist keine leichte Sache. Ich rufe ein Kind und fordere es auf, mir dies nachzutun: Es bringt den Fuß in eine bessere Lage, und schon entsteht ein Geräusch; es bewegt einen Arm, und auch das gibt ein Geräusch; sein Atem ist noch nicht ganz lautlos, ruhig, ganz unhörbar wie meiner.

Während solcher Handlungen und meinen kurzen, von Unbeweglichkeit unterbrochenen, anregenden Worte hören und schauen die Kinder entzückt zu. Sehr viele unter ihnen interessieren sich für etwas, das sie niemals vorher beobachtet hatten, und zwar, dass so viele Geräusche gemacht werden, die man nicht bemerkt, und dass es mehrere Grade von Stille gibt. Wo sich nichts, aber auch gar nichts bewegt, herrscht absolute Stille. Sie sehen mich verblüfft an, wenn ich mitten im Saal stehen bleibe und es wirklich so ist, ‚als wäre ich nicht da'. Dann wetteifern sie alle darin, mich nachzuahmen, und versuchen, es mir gleichzutun. Ich stelle fest, dass sich hier und dort ein Fuß fast unmerklich bewegt. In dem sehnlichen Willen, die Unbeweglichkeit zu erreichen, lenken die Kleinen ihre Aufmerksamkeit auf alle Teile des Körpers. Während sie sich in diesem Bemühen versuchen, entsteht wirklich eine Stille, die anders ist als das, was man gewöhnlich darunter versteht: Es scheint, dass das Leben allmählich entschwindet, dass sich der Saal nach und nach leert, als befände sich keiner mehr darin. Dann beginnt man das Ticken der Wanduhr zu vernehmen, und mit der langsam absolut werdenden Stille scheint dieses Ticken an Intensität zu gewinnen. Von draußen, vom Hof, der still erschien, kommen nun verschiedene Geräusche – ein zwitschernder Vogel, ein vorbeigehendes Kind. Die Kleinen sind von dieser Stille fasziniert, als hätten sie einen wirklichen Sieg errungen. ‚So', sagt die Leiterin, ‚jetzt ist alles ruhig, als sei niemand mehr da'.

War diese Stufe erreicht, dann verdunkelte ich die Fenster und sagte zu den Kindern: ‚Hört nun leise eine Stimme, die euch beim Namen ruft'" (Die Entdeckung des Kindes, S. 154 ff).

8 Isolierung einer Eigenschaft im Material – Begrenzung des Materials

Wir sind es gewohnt, mit all unseren Sinnen wahrzunehmen, meinen wir. Ist dies wirklich so? Leben wir nicht mit der Dominanz der visuellen und der akustischen Wahrnehmung – nicht zuletzt bedingt durch die Medien? Jedes Material hat ganz verschiedene Eigenschaften: Gewicht, Rauheit, Farbe, Form, Maß, Klang usw. Montessoris Prinzip ist, jeweils nur eine Eigenschaft herauszuheben, zu isolieren und so zu einer vertieften Wahrnehmung zu gelangen.

„Unter den vielen Eigenschaften des Gegenstandes ist eine einzige zu isolieren. Diese Schwierigkeit lässt sich nur durch die Serie und ihre Abstufungen überwinden: Es müssen Gegenstände vorbereitet werden, die untereinander vollkommen gleich sind, mit Ausnahme der sich ändernden Eigenschaft.

Falls wir Gegenstände zurechtlegen wollen, die zum Beispiel zur Unterscheidung von Farben dienen, müssen sie gleich in Stoff, Form und Abmessungen sein und nur in der Farbe differieren. Oder, falls Gegenstände zu dem Zweck vorbereitet werden sollen, die verschiedenen Töne der Tonleiter hervorzuheben, müssen sie vollkommen gleich aussehen wie zum Beispiel die bei unserem System gebräuchlichen Glocken, die alle die gleiche Form und Größe haben und auf gleichen Ständern stehen; doch werden sie mit einem kleinen Hammer angeschlagen, erklingen verschiedene Töne, und diese sind der einzige, für die Sinne wahrnehmbare Unterschied.

Die kleinen Instrumente, die den Kindern als musikalisches Spielzeug in die Hand gegeben werden, eignen sich deshalb nicht für eine wirkliche Übung des musikalischen Empfindens zur Differenzierung der ‚Töne', weil sie längere und kürzere Hammerstiele oder verschieden hohe, wie Orgelpfeifen angebrachte Röhren haben, und zwar weil das Auge bei der Unterscheidung aufgrund der verschiedenen Maße mithelfen kann, während das Ohr als Einziges aufnehmen und urteilen soll.

Bei diesem Verfahren lässt sich eine große Klarheit bei der Differenzierung der Dinge erreichen, und es wird offenkundig, dass gerade Klarheit die Grundlage für das Interesse am ‚Unterscheiden' bildet.

Von der psychologischen Seite her ist bekannt, dass die Sinne soweit wie möglich isoliert werden müssen, will man einzelne Eigenschaften besser hervorheben. Ein Tasteindruck wird klarer bei einem Gegenstand, der keine Wärme leitet, der also nicht gleichzeitig Temperatureindrücke vermittelt; und wenn sich das Versuchsobjekt an einem dunklen und stillen Ort befindet, wo es also weder Seh- noch Gehöreindrücke gibt, welche die Tasteindrücke beeinflussen können. Der Isolierungsprozess kann also zweifacher Natur sein: Er kann sich auf den von jedem Umwelteinfluss isolierten Menschen beziehen und auf das Material, das eine einzige, graduell abgestufte Eigenschaft aufweist.

Diese als äußerste Vollkommenheit anzustrebende Präzision ermöglicht die Durchführung einer inneren und äußeren Analyse, die geeignet ist, dem kindlichen Geist Ordnung zu geben.

Das Kind, welches von Natur aus begeistert seine Umgebung erforscht, weil es bisher weder Zeit noch die Möglichkeit gefunden hat, sie genau kennen zu lernen, ‚schließt die Augen' gern oder verbindet sie sich, um das Licht auszuschalten, wenn es die Formen mit seinen Händen abfühlt; es ist auch gern bereit, sich im Dunkeln aufzuhalten, um zu versuchen, das kleinste Geräusch wahrzunehmen" (Die Entdeckung des Kindes, S. 115 ff).

Es ist faszinierend zuzusehen, wie Kinder mit dem Sinnesmaterial umgehen. Sie vertiefen sich in eine Form der Wahrnehmung und gelangen zu immer größerer Fähigkeit, die Feinheiten des Materials zu erspüren oder einander zuzuordnen. Nehmen wir als Beispiel die Sandpapiertäfelchen Maria Montessoris. Hier geht es um die Unterscheidung der Rauheit der verschiedenen Sandpapiere. Die Abstufungen sind minimal und wir Erwachsenen tun uns redlich schwer, wenn wir sie ordnen sollen. Dem Kind hingegen gelingt es scheinbar mit größter Leichtigkeit, wenn es mit den Fingerspitzen vorsichtig über die Sandpapiertäfelchen fährt. Seine taktile Wahrnehmung unterscheidet sich von der unsrigen. Das Kind übt sich in der Wahrnehmung, während wir die taktile Wahrnehmung schon beinahe verlernt haben. Es sei denn, dass wir sie ständig geübt haben, weil sie zum Beispiel für unseren Beruf bedeutsam ist. Ähnlich ist es mit dem Riechen, Schmecken, Hören, Sehen usw. Wir erleben verschiedene Gerüche, vergessen sie wieder, behalten sie negativ oder positiv in Erinnerung.

Ich selbst habe solche Geruchserinnerungen an meinen Urgroßonkel. Sein Bild habe ich vor mir, in einem alten Lehnstuhl sitzend, mit Weste, silberner Uhrkette. Wenn ich die Augen schließe, dann glaube ich, bei ihm im Raum zu sein. Ich „rieche" seinen Tabak und schmecke die „Malzbonbons". Es bleiben also in uns Erinnerungen über Sinneswahrnehmungen erhalten.

Führt man die Wahrnehmung der einzelnen Sinnesbereiche zusammen, so gelangt man zu einem ganzheitlichen Bild, zu ganzheitlicher Wahrnehmung, man lernt die Dinge als Ganzes kennen. So hat eine Textilie eine bestimmte Form, eine bestimmte Farbe, eine bestimmte Struktur, einen besonderen Grad an Rauheit oder Glätte, ist grob- oder feingewebt usw.

Wir stellen uns mit geschlossenen Augen einen Apfel vor. Wir sehen ihn, erahnen sein Gewicht, schmecken den süßen oder säuerlichen Saft, sehen die Farbe, fühlen die glatte Oberfläche, hören die Geräusche vom Biss in den Apfel. Wir haben diese Vorstellungen in uns, weil wir sie in ihrer Differenziertheit wahrgenommen haben.

Je mehr Sinneswahrnehmungen wir machen, desto konkreter und vollständiger wird demnach das Bild eines Materials in uns. Genauso wichtig wie die Isolierung einer Eigenschaft eines Materials ist Montessori aber auch die Begrenzung des Materials in der Menge.

„Schließlich ist noch folgendes, allen für die Erziehung geschaffenen ‚stofflichen Mitteln' gemeinsame Prinzip, das bis jetzt sehr wenig verstanden wurde, von größtem pädagogischem Interesse: Es besagt, dass das Material ‚mengenmäßig begrenzt' sein muss. Ist dieses Faktum erst einmal festgestellt, wird es für unser Begriffvermögen logisch klar: Ein normales Kind benötigt keine ‚Reizmittel, die es aufwecken', die ‚es mit der wirklichen Umgebung in Verbindung bringen'. Es ist wach und verfügt über unzählige ständige Beziehungen zu seiner Umgebung. Hingegen muss es das Chaos ordnen, das sich in seinem Bewusstsein durch die Vielzahl von Empfindungen gebildet hat, die es aus der Welt erhielt. Es ist kein ‚Schlafender im Leben', wie das geistesschwache Kind, sondern ein ‚kühner Entdecker' in der für es neuen Welt' und, was es als Entdecker braucht, ist ein Weg (also etwas begrenztes und direktes), der es zu einen Ziel hinführt und von den ermüdenden Umwegen befreit, die es am Vorwärts kommen hindern. Dann ‚klammert sich das Kind leidenschaftlich' an diese begrenzten und auf den Zweck gerichteten Dinge, welche das Chaos ordnen, das sich in ihm gebildet hat, mit der Ordnung dem forschenden Geist Klarheit bringen und es bei seiner Forschung leiten. Der zunächst sich selbst überlassene Entdecker wird dann ein aufgeklärter Mensch, der bei jedem Schritt Neues findet und vorwärts schreitet mit der inneren Kraft, die ihm Befriedigung gibt. Wie sehr müssen diese Erfahrungen die Vorstellungen ändern, die viele noch haben – nämlich dass dem Kind desto besser geholfen wird, je mehr Erziehungsmaterial ihm zur Verfügung steht. Wir glauben zu Unrecht, das ‚an Spielzeug reichste', das ‚an Hilfsmitteln reichste' Kind könne sich am besten entwickeln. Stattdessen beschwert die ungeordnete Vielzahl von Dingen die Seele mit neuem Chaos und bedrückt sie durch Entmutigung.

In der ‚Begrenzung' der Hilfsmittel, die das Kind dazu führen, Ordnung in seinen Geist zu bringen und ihm das Verständnis der unendlich vielen Dinge erleichtern, die es umgeben, liegt das höchste Erfordernis, das dem Kind ermöglicht, seine Kräfte zu schonen und das es sicher auf den schwierigen Pfaden seiner Entwicklung voranschreiten lässt" (Die Entdeckung des Kindes, S. 118 ff).

Die Begrenzung ist ein hoch aktuelles Thema. Die Kinderzimmer quellen über vor Spielmaterial und es wird Eltern und Erziehern zu vielen Materialen suggeriert, dass höchste Lernerfolge damit zu erzielen seien, die Kinder einen Wissensvorsprung gegenüber Gleichaltrigen erreichen könnten, ihre schulischen Leistungen positiv beeinflusst würden. Vielerorts hat man aber auch erkannt, dass dem nicht so ist. Konzepte wie „Spielzeugfreier Kindergarten" versuchen, der Übersättigung entgegenzuwirken. Inwieweit hier jedoch Antworten gefunden werden können, ist abhängig vom Erwachsenen. Hier bestätigt sich auch wieder Maria Montessoris Forderung, dass wir die „Neue Lehrerin" – den neuen Erwachsenen – brauchen, die davon überzeugt ist, dass im Wenigen mehr liegt, dass die Wahrnehmung geschult wird durch die

Isolierung der Sinne. Wenn sie das Kind sich selbst überlässt, dann überlässt sie es seiner Intelligenz und nicht seinen Instinkten.

„Was ist Intelligenz? Ohne auf die Definitionen der Philosophen zurückzugreifen, können wir einstweilen das Gesamt der überlegenden, verbindenden oder wieder hervorbringenden Aktivitäten in Betracht ziehen, die es dem Geist erlauben, sich aufzubauen, in dem er sich in Beziehung mit der Umgebung setzt. Nach Bain ist die Kenntnis des Unterschiedes der Anfang jeder intellektuellen Übung; der erste Schritt des Verstandes ist die ‚Unterscheidung'. Die ‚Grundlagen' der erkennenden Funktionen der Außenwelt gegenüber sind die ‚Sinnesempfindungen'. Die Tatsachen sammeln und sie voneinander zu unterscheiden, das ist der Beginn des geistigen Aufbaues ... Die Sinnesübungen erwecken in unseren Kindern deren zentrale Aktivitäten und intensivieren sie. Wenn das Kind bei Isolierung von Sinn und Reiz in seinem Bewusstsein klare Wahrnehmungen hat; wenn die Empfindungen von warm und kalt, rau und glatt, schwer und leicht, wenn ein Tun, ein isoliertes Geräusch zu ihm gelangen; wenn es in der fast absoluten Ruhe die Augen schließt und eine Stimme erwartet, die ein Wort flüstert, ist es, als würde die Außenwelt an seine Seele klopfen und somit deren Aktivität erwecken. Und wenn sich die Vielzahl der Empfindungen dann im Reichtum der Umgebung summiert, werden die einen harmonisch von den anderen beeinflusst und intensivieren so die erweckten

Aktivitäten. So geschieht es, dass ein in sein Malen vertieftes Kind beim Klang der Musik schönere Farben findet und dass ein Kind in reinem Tun ein Lied anstimmt, während es die fröhliche und anmutige Umgebung der Schule und die blühenden Blumen betrachtet.

Die erste Eigenschaft, die sich bei unseren Kindern offenbart, nachdem der Prozess der Selbsterziehung begonnen hat, ist, dass sie in ihren Reaktionen breiter und schneller werden; ein Sinnesreiz, der unbeachtet hätte vorbeigehen oder nur verwischt die Aufmerksamkeit auf sich ziehen können, wird lebhaft erfasst. Das Verhältnis zwischen den Dingen und damit auch ein Fehler werden leicht erkannt, beurteilt und verbessert. Mit der Sinnesgymnastik macht das Kind genau jene ursprüngliche und grundlegende Übung der Intelligenz, die die zentralen Nervenmechanismen weckt und in Bewegung setzt ... Wir müssen an den Geisteszustand des kleinen dreijährigen Kindes denken, das schon eine Welt gesehen hat. Wie oft ist es vor Müdigkeit eingeschlafen, weil es so viele Dinge gesehen hat. Niemand hat daran gedacht, dass Spazierengehen für das Kind arbeiten bedeutet, dass es eine große Anstrengung ist zu sehen und zu hören, wenn die Sinne noch nicht richtig eingestellt sind, so dass es ständig die Fehler seiner Sinne verbessern und mit der Hand nachprüfen muss, was es noch nicht mit Sicherheit mit seinen Augen abwägen kann. Deshalb weint oder schläft das von den Anregungen überforderte Kind dort, wo diese in Übermaß vorhanden sind.

Das kleine dreijährige Kind trägt in sich ein lastendes Chaos. Es ist wie ein Mensch, der eine Unzahl unordentlich aufgestapelter Bücher angesammelt hat und der sich fragt: Was soll ich damit tun? Wann wird er in der Lage sein, sie so zu ordnen, dass er sagen kann: ‚Ich besitze eine Bibliothek'?

Mit unseren so genannten ‚Sinnesübungen' geben wir den Kindern die Möglichkeit, zu unterscheiden und zu klassifizieren. Denn unser Sinnesmaterial analysiert und stellt die Eigenschaften der Dinge dar: Dimensionen, Formen, Farben, Glätte oder Rauheit der Oberflächen, Gewicht, Temperatur, Geschmack, Geräusche, Töne. Es sind die Eigenschaften der Gegenstände, nicht die Gegenstände selbst, wenn auch diese Eigenschaften, eine von der anderen getrennt, dann selbst von Gegenständen dargestellt werden. Den Eigenschaften: lang, kurz, dick, dünn, groß, klein, rot, gelb, grün, warm, kalt, schwer, leicht, rau, glatt, wohlriechend, geräuschvoll, klangvoll entsprechen ebenfalls Serien von abgestuften „Gegenständen". Diese Abstufung ist für die Ordnung wichtig; denn die Eigenschaften der Gegenstände unterscheiden sich nicht nur in der Qualität, sondern auch in der Quantität. Sie können mehr oder weniger, hoch oder niedrig und mehr oder weniger dick oder dünn sein; die Töne haben eine verschiedene Höhenlage; die Farben sind verschieden in den Nuancen; die Formen können in verschiedenem Grad einander ähneln; der Grad von Rauheit und Glätte ist verschieden.

Das Sinnesmaterial eignet sich dazu, alle diese

Dinge zu unterscheiden" (Schule des Kindes, S. 187 ff).

Einleuchtend und überzeugend lesen sich diese Ausführungen Montessoris. Wenn es jedoch darum geht, die Grundprinzipien im Alltag anzuwenden, umzusetzen, dann stoßen wir an unsere Grenzen. Dies macht deutlich, dass unsere Selbsterziehung vor der Erziehung des Kindes stehen muss, damit wir das Kind in seinem Aufbau nicht behindern. Wie oft gehen wir falsche Wege!

Wir unterbinden spontane Aktivitäten des Kindes und „überschütten" es stattdessen mit einer Vielzahl von Gegenständen und Eigenschaften. Dieses Chaos wird für das Kind noch größer und der Weg zur inneren Ordnung noch mehr erschwert. Deshalb wendet Maria Montessori eben auch die Drei-Stufen-Lektion an, um dem Kind klare und überschaubare Schritte zu ermöglichen. „Wenn das Kind alles anfassen und selbst tun will trotz der „Zurechtweisungen aller Art", beharrt es nur bei „zu seiner Entwicklung" notwendigen Übungen und entfaltet dabei eine Kraft, gegen die wir oft machtlos sind. Mit derselben Ausdauer atmet es, weint es, wenn es Hunger hat, und richtet sich auf, wenn es laufen will. So wendet sich das Kind den Gegenständen zu, die seinen Bedürfnissen entsprechen. Wenn es sie findet, entfaltet es seine Kräfte, macht Muskel- oder Sinnesübungen und ist dann zufrieden. Wenn es sie aber nicht findet, ist es unruhig wie über unbefriedigte Bedürfnisse. Die Spielsachen sind viel zu leicht, um den Armen zu genügen, die Kraftanstrengungen ausführen möchten, in dem sie Gegenstände heben und wegtragen. Sie sind zu kompliziert, um die Sinne zu befriedigen, die die einzelnen Empfindungen analysieren möchten. Sie sind unnütz und stellen nur Vortäuschungen und Parodien des wirklichen Lebens dar. Und doch ist es die Welt unserer Kinder, in der sie gezwungen sind, ihre potentiellen Kräfte in einer ständigen Wut zu „verbrauchen", die sie dazu bringt, die Dinge zu zerstören. Das Urteil, das Kind hat den Drang zu zerstören, hören sie zum Glück nicht. Auch gelangt nicht jener andere Satz zu ihnen, der dazu im Gegensatz steht: Der „Besitztrieb", der Egoismus ist stark in ihnen entwickelt. Das Kind hat vielmehr nur den übermächtigen Drang, zu „wachsen" und daher Fortschritte zu machen und sich zu vervollkommnen. Es hat in jeder Lebensperiode den Drang, die darauf folgende Periode vorzubereiten. Das ist viel einfacher zu verstehen, als die eigenartigen Instinkte, die wir ihm verleumderischerweise zuschreiben möchten.

Versucht, das Kind allein handeln zu lassen: Es wird sich „verwandeln"! (Schule des Kindes, S. 281).

9 Die neue Lehrerin

Maria Montessori vertritt den Grundsatz, dass wenn wir dem Kind wirklich helfen wollen, ihm Wegbegleiter sein möchten, wir die neue Lehrerin bräuchten. Sie spricht von Lehrerin, meint aber alle Erwachsenen aus der Umgebung des Kindes. Montessori setzt strenge Maßstäbe an, denn wenn die Lehrerin nicht den Anforderungen ihrer Pädagogik entspricht, ihre Grundprinzipien verinnerlicht hat, dann kann ihre Arbeit nicht zum Erfolg führen. So fordert sie von ihr grundlegende Eigenschaften, eine ganz neue Vorbereitung, die die Persönlichkeit und ihre soziale Bedeutung verändern. Montessori fordert, dass sie schweigen statt reden muss, statt unterrichten muss sie beobachten, statt stolzer Würde muss sie Demut zeigen. Eine solche Haltung verlangt sie von uns Erwachsenen, durch Übung müssen wir uns in die richtige Richtung entwickeln.

Wer gelernt hat zuzusehen, beginnt sich zu interessieren, entwickelt Neugier und Forscherdrang. Dies wiederum ist Antriebskraft für das Kind. Wenn wir Kinder beobachten, dann verlangt das von uns Geduld. Wie viel einfacher wäre es nämlich einzugreifen, scheinbar notwendige Anregungen zu geben, sich einzumischen. Stattdessen beobachten wir, nehmen wahr, staunen und lernen vom Kind.

„Bisher waren wir in der Schule nur daran gewöhnt, schwere und trockene gedruckte Bücher zu lesen.

Aber auf jene Weise fühlten wir, wie sich vor uns das Buch der Natur öffnete, dessen Inhalt an Schöpfung und Wundern unendlich ist und das unserem verborgenen und unverstandenen Sehnen entspricht. Das muss auch das Buch der neuen Lehrerin sein, das ABC-Buch, das sie für die Mission formen muss, das kindliche Leben zu leiten. Durch diese Vorbereitung müsste in ihrem Bewusstsein eine Auffassung über das Leben entstehen, die in der Lage ist, sie zu ‚verändern' und in ihr eine besondere ‚Aktivität' entstehen zu lassen, eine ‚Haltung', die sie für ihre Mission fähig macht. Sie müsste eine segenbringende, eine mütterliche ‚Kraft' werden.

Aber all dies ist nur ein Teil der ‚Vorbereitung'. Die Lehrerin darf nicht so an der Schwelle des Lebens stehen bleiben wie die Wissenschaftler, die dazu bestimmt sind, die Pflanzen und die Tiere zu beobachten, und die sich deshalb damit zufrieden geben, was die Morphologie und die Physiologie ihnen zu bieten haben. Ihre Aufgabe ist auch nicht wie die der Kinderärzte, die bei dem ‚in seinen Funktionen veränderten Körper' stehen bleiben und sich mit der Pathologie zufrieden geben. Sie muss erkennen, dass die Methoden jener Wissenschaften begrenzt sind ...

Ihr Feld muss weiter und gewaltiger sein: Sie beobachtet ‚das innere Leben des Menschen'. Jene trockene Einstellung, die sich auf die Wunder der lebenden Materie beschränkt, reicht nicht mehr aus: Alle geistigen Früchte der Geschichte der Menschheit und der Religion sind notwendig zu ihrer Ernährung. Die hohen Offenbarungen der Kunst der

Liebe und der Heiligkeit sind die charakteristischen Offenbarungen jenes Lebens, das sie nicht nur beobachtet, sondern dem sie dient und das das ‚eigene Leben' ist; nicht etwas Fremdes und daher Kaltes und Trockenes; sondern das innere Leben, welches sie mit allen Menschen gemeinsam hat, das wahre und einzige wirkliche Leben des Menschen.

Das wissenschaftliche Labor, das natürliche Feld, auf dem die Lehrerin beginnt, ‚die Vorgänge des inneren Lebens zu beobachten', muss die Schule sein, in der sich die Kinder frei und mit Hilfe des Entwicklungsmaterials entfalten. Ihr Interesse wird entflammen, wenn sie die geistigen Phänomene der Kinder ‚sieht', und sie wird eine ausgeglichene Freude verspüren und den unersättlichen Wunsch, sie zu beobachten; dann wird sie sich ‚eingeweiht' fühlen.

Nun wird sie beginnen, ‚Lehrerin' zu werden" (Schule des Kindes, S. 133 ff).

Die Lehrerin, aber auch Sie als Vater oder Mutter müssen erst beginnen, „Lehrer" zu werden. Nur im täglichen Zusammensein mit dem Kind gelingt uns dieser Prozess, das heißt, nicht nur wir sind Wegbegleiter des Kindes, sondern das Kind ist auch unser Wegbegleiter und unterstützt und hilft uns bei der Bewältigung unserer Erziehungsaufgabe. Dieser Tatsache müssen wir uns immer wieder aufs Neue stellen, diesen Grundsatz müssen wir uns täglich neu bewusst machen. So erstaunt es nicht, dass Montessori in ihren Vorträgen und Schriften dieser „neuen Lehrerin" ungeheuerlich viel Raum einräumt.

„Der erste Schritt für eine Montessori-Lehrerin ist die Selbstvorbereitung. Sie muss ihr Vorstellungsvermögen wach halten, denn in den traditionellen Schulen kennt der Lehrer das unmittelbare Verhalten seiner Schüler und weiß, dass er auf sie aufpassen und was er tun muss, um sie zu unterrichten, während die Montessori-Lehrerin ein Kind vor sich hat, das sozusagen noch nicht existiert. Das ist der prinzipielle Unterschied. Die Lehrerinnen, die in unsere Schulen kommen, müssen eine Art Glauben haben, dass sich das Kind offenbaren wird durch die Arbeit. Sie müssen sich von jeder vorgefassten Meinung lösen, die das Niveau betrifft, auf dem sich die Kinder befinden können. Die verschiedenen mehr oder weniger abgewichenen Typen dürfen sie nicht stören: Sie muss in ihrer Vorstellung den anderen Typ des Kindes sehen, der in einem geistigen Bereich lebt. Die Lehrerin muss daran glauben, dass das Kind, das sie vor sich hat, seine wahre Natur zeigen wird, wenn es eine Arbeit gefunden hat, die es anzieht. Um was soll sie sich also bemühen? Dass das eine oder andere Kind beginnen möge, sich zu konzentrieren. Um das zu erreichen, muss sie ihre Energien aufwenden; ihre Tätigkeit wird von einem Stadium zum anderen wechseln wie in einer geistigen Entwicklung. Für gewöhnlich gibt es drei Aspekte bei ihrem Verhalten.

Erstes Stadium:
Die Lehrerin wird zum Wächter und zum Aufseher der Umgebung; sie konzentriert sich auf die Umgebung, anstatt sich von der Unruhe der Kinder ablen-

ken zu lassen. Sie konzentriert sich auf die Umgebung, weil von ihr die Genesung und die Anziehungskraft, die den Willen der Kinder polarisieren wird, ausgehen soll ...

Zweites Stadium:
Nachdem wir die Umgebung betrachtet haben, kommen wir zum Verhalten den Kindern gegenüber. Was können wir mit diesen ungeordneten Wesen tun, mit diesem verwirrten und unsicheren Verstand, den wir auf eine Arbeit lenken und konzentrieren wollen? Ich benutze manchmal ein Wort, das nicht immer geschätzt wird: Die Lehrerin muss verführerisch sein, sie muss die Kinder anziehen. Wenn die Umgebung vernachlässigt wird, die Möbel staubig, das Material abgekratzt und in Unordnung und wenn die Lehrerin in ihrem Äußeren und ihrem Auftreten ungepflegt wäre – und zu den Kindern unfreundlich –, würde die wesentliche Grundlage für ihre Arbeit, zu der sie bestimmt ist, fehlen. In der Anfangsperiode, wenn die erste Konzentration noch nicht eingetreten ist, muss die Lehrerin wie eine Flamme sein, deren Wärme aktiviert, lebendig macht und einlädt. Sie darf nicht fürchten, einen wichtigen psychischen Vorgang zu stören, denn er hat noch nicht begonnen ... Die Praxis hat bewiesen, dass eine lebhafte Lehrerin anziehender ist als eine andere – und alle können lebhaft sein, wenn sie wollen. Jeder kann mit fröhlicher Stimme sagen: „Warum stellen wir heute die Möbel nicht auf einen anderen Fleck?" und mit den Kindern arbeiten, indem sie alle ermutigt und alle anerkennt

und eine einnehmende Fröhlichkeit an den Tag legt. Oder: ‚Wie wärs, wenn wir die schöne Messingvase benutzen würden?' Oder auch: ‚Wollen wir nicht in den Garten gehen und ein paar Blumen pflücken?' Jede Handlung der Lehrerin kann für das Kind ein Aufruf und eine Einladung werden ...

Drittes Stadium:
Endlich kommt die Zeit, in der die Kinder beginnen, sich für etwas zu interessieren: Im Allgemeinen sind es Übungen des praktischen Lebens, denn die Erfahrung hat bewiesen, dass es zwecklos und schädlich ist, den Kindern Material zur sensorischen und kulturellen Entwicklung zu geben, bevor sie den daraus erwachsenden Nutzen ziehen können ... Die Lehrerin muss sehr aufmerksam sein. Nicht Eingreifen bedeutet, in keiner Form eingreifen. Hier macht die Lehrerin oft Fehler. Das Kind, das bis zu einem bestimmten Moment sehr gestört hat, konzentriert sich endlich auf eine Arbeit. Wenn die Lehrerin im Vorbeigehen nur sagt: ‚Gut!' Das genügt, damit das Unheil von neuem beginnt. Vielleicht wird das Kind sich zwei Wochen hindurch für keine andere Arbeit interessieren. Ebenso, wenn ein anderes Kind auf Schwierigkeiten stößt und die Lehrerin helfend eingreift, wird es die Arbeit ihr überlassen und weggehen. Das Interesse des Kindes konzentriert sich nicht nur auf die Arbeit, sondern öfters auf den Wunsch, die Schwierigkeiten zu überwinden. ‚Wenn die Lehrerin sich für mich überwindet, dann soll sie es machen, mich interessiert es nicht mehr.' Wenn das

Kind schwere Gegenstände hebt und die Lehrerin eingreift, um ihm zu helfen, geschieht es oft, dass das Kind den Gegenstand der Lehrerin überlässt und weggeht. Lob, Hilfe und auch nur ein Blick können genügen, um es zu unterbrechen oder die Aktivität zu zerstören. Es hört sich eigenartig an, aber das kann geschehen, auch wenn sich das Kind nur beobachtet fühlt. Schließlich passiert es uns auch, dass wir nicht mit einer Arbeit fortfahren können, wenn jemand kommt und zuschaut, was wir tun. Das Prinzip, das der Lehrerin zum Erfolg hilft, ist Folgendes: Sobald die Konzentration beginnt, muss sie tun, als ob das Kind nicht existiere. Sie kann natürlich schauen, was das Kind tut, aber mit einem schnellen Blick, ohne dass sie es merken lässt. Danach wird das Kind, das nicht mehr von der Langeweile von einem Gegenstand zum anderen getrieben wird, ohne sich zu konzentrieren, von einem Vorsatz geleitet, beginnen, seine Arbeit auszuwählen ... Die Fähigkeit der Lehrerin, nicht einzugreifen, kommt wie alle anderen mit der Praxis, aber nicht mit der gleichen Leichtigkeit" (Das kreative Kind, S. 249 ff).

Ich sehe Sie vor mir, während Sie diesen Text Montessoris lesen. „Das alles sollen wir leisten?", höre ich Sie fragen. „Ist das nicht vielleicht übertrieben?", meinen Sie. Die Erwachsenen sind nicht von Anbeginn an gute Erzieher, gute Mütter, Väter, Lehrer. Umso wichtiger ist es, dass wir uns mit den Anforderungen, die Montessori an uns und unser Erziehungsverhalten stellt, auseinander setzen und Schritt für

Schritt an uns arbeiten. Sobald Sie die ersten positiven Erfahrungen gemacht haben, wird es Ihnen immer leichter fallen. Es wird sein wie bei den Kindern: Die Entwicklung wird voranschreiten!

Montessori will, dass wir den Kindern dienen, wir müssen das Geheimnis der Kindheit kennen und leben lernen. Wie können Sie den Erfolg Ihrer Erziehung erkennen? Ich wähle dazu die Worte Montessoris: „Die Kinder arbeiten jetzt, als ob ich nicht da wäre!" Das heißt nicht, dass Sie als Erzieher, Mutter, Vater, Lehrer überflüssig wären. Wären Sie nicht da, dann sähe alles anders aus ...

Maria Montessori beschreibt die Gefühle der Lehrerin vor ihrer „Umwandlung":

„Vor ihrer Umwandlung empfand sie das Gegenteil; sie empfand, dass sie es sei, die lehrte, dass sie es sei, die die Kinder von einem niederen auf ein höheres Niveau brachte; aber jetzt, angesichts der Äußerung des kindlichen Geistes, drückt sich der höchste Wert, den sie ihrem Beitrag beimisst, in den folgenden Worten aus: ‚Ich habe diesem Leben dazu verholfen, seine Schöpfung zu vollbringen', und das ist wirkliche Genugtuung. Die Lehrerin der Kinder bis zu sechs Jahren weiß, dass sie dem Menschsein in einer wesentlichen Periode seiner Bildung geholfen hat. Sie braucht nicht unbedingt die materiellen Bedürfnisse der Kinder zu kennen, obwohl sie einige erfahren wird, denn die Kinder selbst werden sie ihr frei heraussagen; sie braucht sich auch nicht dafür zu interessieren, was mit diesen Kindern später geschehen wird, ob sie höhere Schulen und die Universität besuchen werden oder ob sie ihr Studium früher abbrechen. Aber sie ist froh darüber, zu wissen, dass sie in der formativen Periode das vollenden konnten, was sie mussten. Sie wird sagen: ‚Ich habe dem Geist dieser Kinder gedient, und sie haben ihre Entwicklung vollbracht; und ich habe sie bei ihren Erfahrungen begleitet'" (Das kreative Kind, S. 256).

Sollten diese Gedanken nicht Eingang in die pädagogische Ausbildung, in die Familienbildung, in Vorbereitungsseminare für werdende Eltern finden? Ich meine, dass dies sehr hilfreich wäre und viele Irrwege in der Erziehung dann vielleicht nicht eingeschlagen würden.

In einem Vortrag in London 1946 nimmt Maria Montessori die Kinder in Schutz. Sie hält ihre Auffälligkeiten nicht für etwas Schlechtes in ihrem Innern, sondern „es handelt sich um eine Frage, wie die Welt um die Kinder herum sie beeinflusst. Es handelt sich mehr um einen Mangel bei den Eltern als bei den Kindern, und man sollte mehr Aufmerksamkeit auf sie verwenden, als auf die kleinen Kinder. Wenn wir bessere Bedingungen für die Kinder herstellen wollen, so müssen wir an die Eltern denken.

Es handelt sich um drei Dinge. Zunächst darum, dass man diese Erwachsenen ändert, die so darum besorgt sind, kleinen Kindern eine moralische Erziehung zu geben. Die Erwachsenen selbst müssen sich den Notwendigkeiten der Zeit anpassen. Der zentrale Punkt für die kleinen Kinder ist ihr Bedürfnis, in einer bestimmten Hinsicht auf die Erwachsenen zu-

zugehen. Erwachsene sind unwissend und sehen die Kinder nur von einem Gesichtspunkt aus. Sie sehen nur die Unartigkeit der Kinder. Der Schluss daraus ist also, dass, wenn wir eine bessere Menschheit haben wollen, die Erwachsenen besser sein müssen. Sie müssen weniger stolz sein, weniger an sich selbst denken, weniger diktatorisch sein" (Spannungsfeld Kind – Gesellschaft – Welt, S. 94 ff).

Wir müssen darauf achten, dass das Kind in seiner frühen Entwicklung nicht auf Hindernisse tritt, da sich sonst Abweichungen von der natürlichen schöpferischen Linie der Entwicklung ergeben können.

„Diese Verschiedenheiten in Bezug auf die richtige Entwicklung stammen aus dem Anfang des Lebens, besonders aus der Zeit von 0 bis 3 Jahren.

Das ist der Grund, dass die Kinder von drei Jahren in unserer Schule nicht gerade die süßen Engel sind, die sie in diesem Alter sein sollten. Die Pflegerinnen sagen, sie seien Teufel, und die Mütter übergeben sie nur zu gern den Pflegerinnen, und diese sind gespannt, was später die Kindergärtnerinnen mit ihnen tun können. Alle sagen, dass die Kinder sich unmöglich benehmen, dass sie launenhaft, missgestimmt, zerstörungslustig, unaufmerksam usw. sind. Erwachsene sagen: ‚Ich will mit Katzen und Hunden leben, aber geben Sie mir keine Kinder, das ist zu viel für mich!' Ich habe viele Leute sagen hören: ‚Kein Opfer ist schwerer, als kleine Kinder zu erziehen, und nichts ist schwieriger.' Warum ist das so? Weil das Monstrum ist, nicht das Kind. Wir haben eine Menge von kleinen Ungeheuern in unserer Pflege. Was können wir in Bezug auf dieses höchst schwierige praktische Problem tun? Wenn diese schrecklichen Kinder älter werden und sich den Befehlen der Erwachsenen anpassen können, so kann der Lehrer in den Juniorschools mit ihnen mit Hilfe eines Stockes oder durch Strafen fertig werden. Viele Mütter sind damit einverstanden, dass die Lehrer die Kinder oft strafen. Die Eltern strafen das Kind zuhause, und so stimmen sie damit mit den Lehrern überein. Später erhalten wir dann als Resultat Jungen und Mädchen mit kriminellen Neigungen, viele jugendliche Delinquenten. Dies geschieht durch die niedere Moralität und Verhaltensweise, nicht wegen irgend eines Fehlers der Kinder, sondern weil wir meinen, dass sie böse und voller Unarten in die Welt eintreten.

Wenn das Benehmen der Kinder von den Eltern abhinge, so könnten Lehrer vielleicht sich die Kinder wählen, die sie gern unterrichten wollten. Sie könnten sagen: „Ich will nur die Kinder von netten Müttern in meiner Klasse haben." Oder: „Ich ziehe die Kinder vor, deren Eltern streng sind, denn diese Kinder benehmen sich besser." Aber die Lehrer wissen, dass die Kinder alle gleich sind und dass nette Mütter launenhafte Kinder haben können usw. ... Kinder werden unterdrückt, wenn sie nicht die besondere Aktivität entfalten können, welche die Natur von der menschlichen Persönlichkeit verlangt, damit sie sich gut entwickelt. Alle die ungeordneten seelischen Bewegungen von Kindern ergeben sich aus zwei Quellen am Anfang. Die erste ist die geistige Unterernährung. Dies erscheint uns seltsam, denn früher haben wir immer gedacht, der Geist des Kindes sei leer und passiv. Wir wussten nicht, dass er Nahrung braucht, das kleine Kinder geistig unterernährt sein können. Die zweite Quelle ist Mangel an Aktivität.

Wenn Kinder in einem Zustand der Unwissenheit belassen werden, passiv sein und viel schlafen sollen, so muss Ungezogenheit daraus entstehen. Das sind Rezessionen. Die Kinder können sich nicht entwickeln, weil aller Erwerbungen durch Erfahrungen in der Umgebung erfolgen. Die Kinder sind fähig und haben eine wunderbare Begabung, aus der Umgebung zu absorbieren. Wenn sie von der Welt isoliert werden, in ein Gefängnis gesteckt ohne Anregungen, so wird ihnen etwas Fundamentales fehlen. Wenn sie Stillsitzen müssen und sich nicht bewegen, nicht berühren dürfen, so wird ihre natürliche Aktivität unterdrückt" (Spannungsfeld Kind – Gesellschaft – Welt, S. 97).

Der Erwachsene hat nach Montessori lenkende und nicht lehrende Funktion. Jeder Erwachsene ist Repräsentant der Gesellschaft und muss dem Kind helfen, sich mit deren Regeln vertraut zu machen. Wie dies geschehen soll, signalisiert das Kind, wenn es sagt, „Hilfe mir, es selbst zu tun". Mit dieser Aussage weist es den Erwachsenen in seine erzieherischen Grenzen. Es sagt: „Bis hierher und nicht weiter. Enge mich nicht in meiner Selbsttätigkeit und Selbsterfahrung ein. Du kannst mir Brücken bauen, aber darüber gehen muss ich selbst."

So können Sie sicher auch dem Grundsatz zustimmen: Wenn wir eine neue Erziehung wollen, dann brauchen wir die neue Lehrerin/den neuen Erwachsenen. Diese Leistung müssen Sie, ich und alle anderen Erwachsenen erbringen.

10 Die Natur in der Erziehung

Bereits Mitte letzten Jahrhunderts stellte Montessori fest, dass die Kinder in unserer zivilisierten Gesellschaft von der Natur entfernt sind und nur wenig Gelegenheit haben, mit ihr in Berührung zu kommen. Dies gilt auch heute noch. Bewegungen wie Waldkindergärten oder Naturaktionen können darüber nicht hinwegtäuschen. So überrascht es nicht, dass Montessori die Berücksichtigung der Natur als ein wichtiges Erziehungsprinzip sieht.

„Lange Zeit wurde der Einfluss der Natur auf die Erziehung des Kindes nur als sittlicher Faktor gewertet. Was man suchte, war die Entwicklung besonderer Gefühle, ausgelöst durch die wunderbaren Dinge in der Natur: Blumen, Pflanzen, Tiere, Landschaften, Wind, Licht.

Später versuchte man, die Tätigkeit der Kinder dadurch auf die Natur hinzulenken, dass man sie in die Bestellung der so genannten ‚Erziehungsgärtchen' einführte. Der Begriff, in der Natur zu ‚leben', ist jedoch die letzte Errungenschaft des Erziehungswesens. Das Kind muss nämlich natürlich leben und nicht nur die Natur kennen. Der wichtigste Punkt liegt ja gerade darin, das Kind, wenn möglich, von den Bindungen frei zu machen, die es in einem durch das Zusammenleben in der Stadt geschaffenen künstlichen Leben isolieren. Heute wird jedoch in Form von Kinderhygiene der Teil der Leibeserziehung gepflegt, der darin besteht, die Kinder in öffentlichen Anlagen etwas mehr mit der frischen Luft in Berührung zu bringen; sie einige Zeit Sonne und Wasser am Meeresstrand auszusetzen. Auch einfachere und kürzere Kleider, Sandalen oder nackte Füße sind schüchterne Versuche zur Befreiung von übertriebenen Fesseln, welche die Kinder ohne Notwendigkeit an das so genannte zivilisierte Leben binden ... In unseren Vorstellungen hat sich die Natur nach und nach auf die Blumen und die für unsere Ernährung, unsere Arbeit oder unseren Schutz nützlichen Haustiere beschränkt. Damit ist auch unsere Seele zusammengeschrumpft, sie hat sich daran gewöhnt, Gegensätze und Widersprüche soweit einzubeziehen, dass wir sogar das Vergnügen, Tiere zu sehen, damit verwechseln, dass hier armes Vieh, das bestimmt ist für unsere Ernährung zu sterben, oder den Gesang und die Schönheit der in kleinen Käfigen gefangenen Vögel mit einer Art nebelhaften ‚Liebe zur Natur' auf uns wirken lassen. Existiert nicht sogar das Vorurteil, dass man dem Kind ‚eine ungeheure Hilfe zuteil werden lässt', wenn man etwas Sand vom Strand in ein tischförmiges Gefäß schüttet? Sehr oft denkt man, sogar der Strand habe einen erzieherischen Wert, weil es dort Sand gibt, genau wie in dem Behälter. So führt die Verwirrung von Jahrhunderte langer Gefangenschaft zu den unsinnigsten Auffassungen.

In Wirklichkeit flößt die Natur den meisten Menschen Angst ein. Sie fürchten Luft und Sonne wie Todfeinde; nächtlichen Reif wie eine im Gestrüpp verborgene Schlange; Regen fast so sehr wie Feuersbrunst. Wenn heute die Gesundheitsfürsorge den so zufrieden in seinem Kerker schlummernden Kulturmenschen sachte in die freie Natur drängt, so leistet er diesen Ermahnungen nur schüchtern und mit größtmöglicher Vorsicht Folge ... Wer schließt nicht schleunigst eine Tür aus Angst vor Durchzug oder das Fenster, bevor er schlafen geht, besonders im Winter oder wenn es regnet? Kaum einer bezweifelt, dass lange Wanderungen draußen auf dem Lande auch bei Sonne oder Regen mit dem von der Natur gebotenen Schutz als Zuflucht eine heroische Anstrengung, ein Risiko bedeuten. Daran muss man gewöhnt sein, sagen die Leute, und rühren sich nicht vom Fleck. Wie soll man sich dann aber daran gewöhnen? ... Es wäre verfrüht zu sagen: Bindet die Kinder los; steht ihnen bei: Sie laufen hinaus, wenn es regnet, ziehen ihre Schuhe aus, wenn sie Wasserpfützen sehen; wenn das Gras in den Wiesen vom Reif bedeckt ist, laufen sie mit nackten Füßen und trampeln darauf herum; sie ruhen friedlich, wenn der Baum sie zum Schlafen in seinem Schatten einlädt; sie schreien und lachen, wenn die Sonne sie des morgens weckt, wie sie es mit jedem lebendigen Wesen tun, dessen Tag sich im wachen Schlaf gliedert. Wir hingegen fragen uns ängstlich, was wir tun können, damit das Kind nach dem Morgengrauen weiterschläft, und wir ihm beibringen können, sich die Schuhe nicht auszuziehen und nicht auf Wiesen zu springen. Wenn das von uns eingezwängte, durch die Gefangenschaft degenerierte und irritierte Kind Insekten oder kleine harmlose Tiere tötet, so kommt uns dies ‚natürlich' vor; wir merken dabei gar nicht, dass die Natur diesem kleinen Wesen bereits fremd ist. Wir verlangen also von unseren Kindern, dass sie sich dem Gefängnis anpassen und uns dabei nicht lästig fallen ... Wenn die Kinder jedoch mit der Natur in Berührung kommen, dann zeigt sich ihre Kraft. Auch wenn sie noch keine drei Jahre alt sind, laufen normale, richtig ernährte Kinder von kräftiger Konstitution kilometerweit. Ihre unermüdlichen Beinchen überwinden lange steile Steigungen unter der prallen Sonne. Ich entsinne mich, dass ein etwa sechsjähriges Kind stundenlang verschwand; es war immer weiter einen Berg hinaufgelaufen, von dem Gedanken getragen, einmal am Gipfel angelangt, würde es die Welt auf der anderen Seite sehen. Es war jedoch nicht müde, war nur enttäuscht, weil es das, was es suchte, nicht gefunden hat. Ich kannte mal ein junges Paar mit einem kaum zweijährigen Kind. Vater und Mutter, die einen weit entfernten Strand aufsuchen wollten, hatten sich gedacht, sie könnten das Kind abwechselnd auf dem Arm tragen, doch die Anstrengung war zu groß. Es ergab sich, dass der Kleine mit Begeisterung den ganzen Weg selbst zurücklegte und diesen Spaziergang jeden Tag machte. Anstatt ihn auf dem Arm zu tragen, brachten die Eltern das Opfer, etwas langsamer zu gehen und stehen zu bleiben, wenn der Junge anhielt, um ein Blümchen zu pflücken oder wenn er die Schönheit eines Eselchen entdeckte, das auf einer Wiese graste, und sich ernst und gedankenvoll daneben setzte, um diesem bescheidenen und privilegierten Tier einen Augenblick Gesellschaft zu leisten. Diese Eltern hatten das Problem gelöst: Anstatt ihr Kind zu tragen, folgten sie ihm" (Die Entdeckung des Kindes, S. 76 ff).

Natur ist eigentlich etwas ganz selbstverständliches und doch weist uns Montessori auf die Bedeutung der Natur im Zusammenhang mit der Erziehung hin. Sie scheint zu wissen, dass dies nötig war und noch immer ist.

Berichten Sie doch einmal, wie Sie Ihrem Kind die Natur nahe bringen? Wie sieht es in der Kindertagesstätte aus, die Ihr Kind besucht? Folgen Sie dem Kind, wie es Montessori in ihrem Beispiel beschreibt, oder bestimmen Sie, wo es hingehen soll? Welche kleinen Dinge sehen Sie in der Natur? Oder lassen Sie sich nur noch von den großen Dingen beeindrucken? Stumpfen wir ab, weil wir glauben, alles um uns herum zu kennen? Wie viel Natur haben Sie in der Wohnung oder in nächster Umgebung? Entdecken Sie mit den Kindern die Fliegen und Bienen, die durch das Fenster kommen, die Ameisen, die bei schwülem Wetter eine richtige Plage auf dem Balkon werden können, während die Waldameisen nützliche Tiere sind? Im Blumentopf ist neben der schönen Zimmerpflanze eine winzige kleine Pflanze gewachsen. Ein Unkraut? Wollen Sie es herausreißen oder pflanzen Sie es mit dem Kind in einen anderen Topf, dass Sie sehen können, was daraus wird? Im Hof heben die Kinder eine Steinplatte auf und entdecken ein ganzes Heer von Kellerasseln. Sie ekeln sich davor, die Kinder sind im Nu in die Betrachtung dieser kleinen Tiere versunken. Sie planen einen Spaziergang zu einem bestimmten Ziel, aber ihr Kind sieht unterwegs so viele kleine Dinge, dass es mehr Zeit braucht und das Ziel vielleicht gar nicht erreicht werden kann. Haben Sie schon einmal Ihr Kind beobachtet, wenn es mit dem Schatten gespielt hat? Es braucht kein Spielzeug, keine Anleitung, wenn es die Zusammenhänge von Sonne und Schatten erkannt hat. Allerdings kommt auch Enttäuschung auf, wenn sich eine Wolke vor die Sonne schiebt.

Das Gefühl der Kinder für die Natur wächst mit der Übung, wie alles andere. Also muss das Kind Natur erleben können. Der Umgang mit Natur lässt sich nicht über Lehrbücher vermitteln.

Der Grundsatz zur Naturbegegnung oder zum Verständnis für Natur findet sich bei vielen Reformpädagogen, die sich mit neuen Konzepten für Kindergarten und Schule befasst haben. Aber auch Autoren, die sich mit der Erziehung der Familie auseinander setzen, werfen ein Augenmerk auf die Natur. Das Anlegen von kleinen Gärten oder Beeten gehörte zu den Bildungskonzepten über viele Jahrzehnte, ebenso wie der Umgang mit Zahlen, Buchstaben, Geschichten usw.

In unseren Tagen wird der Naturerfahrung im Erziehungsalltag nicht mehr angemessen entsprochen. Das ist schade, denn viele Kinder haben kein Grundwissen mehr über die Vorgänge in der Natur, und allein über Bücher lässt sich dies nicht vermitteln. Experimentelles Lernen, direkt mit den Objekten, das heißt draußen in der Natur, ist durch nichts zu ersetzen. Kinder müssen das Wachstum der Pflanzen nicht nur beobachten, sie müssen Bäume auch fühlen oder riechen können, das heißt mit allen Sinnen wahrnehmen, um sie in ihrer Eigenart zu verinnerlichen. Kinder sind Forscher, geborene Naturkundler und Biologen, wenn wir sie lassen.

„Die Kinder beobachten beharrlich die Metamorphose der Insekten und die Fürsorge der Mütter für ihre Kleinen und kommen dabei häufig zu Überlegungen, die uns in Erstaunen versetzen. Es gab einmal ein kleines Kind, das von der Metamorphose der Kaulquappen so beeindruckt worden war, dass es ihren Entwicklungsgang wie ein kleiner Gelehrter erzählte und sich dabei an die verschiedenen Verwandlungsformen des Frosches erinnerte.

Auch die Pflanzenwelt hat ihre Verlockungen. In einem römischen Kinderhaus hatten wir Blumentöpfe rund um eine große Terrasse gestellt, da wir nicht über Gartenland verfügten. Die Kinder vergaßen niemals, die Blumen mit einer kleinen Kanne zu gießen. Eines Morgens sah ich sie alle auf der Erde sitzen im Kreis um eine wunderschöne rote Rose, die nachts aufgeblüht war: Still und ruhig, ganz in stummer Betrachtung versunken. Ein Mädchen, das in der Verehrung für ‚Blumen' und ‚Gärten' aufgewachsen war, die seine Mutter und seine Lehrerinnen immer gepflegt hatten, schaute offensichtlich lebhaft begeistert über eine Terrasse. ‚Dort unten', sagte es zu seiner Mutter, ‚ist ein Garten mit Sachen zum Essen'.

Es handelte sich um einen Gemüsegarten, den die

Mutter keiner Bewunderung wert erachtete. Das kleine Mädchen war jedoch davon begeistert" (Die Entdeckung des Kindes, S. 81 f).

So ist es im Erziehungsalltag alltäglich, dass die Erwachsenen die Interessen der Kinder nicht ausreichend erkennen oder gar darauf eingehen. Sind es Vorbehalte? Haben sie selbst keine Beziehung zur Natur entwickeln können? Oder lieben sie die oft schmutzige Arbeit im Garten nicht? Kinder graben gerne, denn jede Erdscholle, die sie bewegen, steckt voller Überraschungen und Geheimnisse. Erinnern wir uns an Albrecht Dürers Bilder ,Das kleine Rasenstück' oder ,Das große Rasenstück'. Mit feinsten Strichen und naturgetreuer Farbgebung gestaltete er – fast photographisch – ein ganz gewöhnliches Stück Rasen, mit all der Vielfalt von Pflanzen, Wurzeln, Raupen und Käfern.

Graben Sie einmal ein Büschel Gras oder Unkraut aus und betrachten Sie es mit Ihrem Kind. Eine Lupe wird Ihnen dabei helfen. Und Sie werden erstaunt sein darüber, was die Kinder entdecken werden. Da ist die Spur des Regenwurms, eine Larve, unterschiedliche Wurzeln, Knöllchen, Zwiebelchen, trockene Erde, feuchte Erde ... usw.

Es gilt also für uns Erwachsene, unser Gartenvorurteil zu überwinden. Maria Montessori führt zu diesem Gartenvorurteil aus: „Unweigerlich tragen wir auch mitten in die Natur Vorurteile, die es erschweren, das Wahre zu erkennen. Wir haben uns einen zu symbolischen Begriff der Blumen gemacht und sind stärker bestrebt, die Tätigkeit der Kinder unseren eigenen Vorstellungen anzupassen, als dem kleinen Kind zu folgen, seine wirklichen Neigungen und Bedürfnisse zu interpretieren. So hatten die Erwachsenen das Kind auch bei der Gartenarbeit in eine künstlich festgelegte Tätigkeit gezwungen. Ein Samenkorn in die Erde setzen und auf das daraus entstehende Pflänzchen zu warten, das ist eine zu geringe Arbeit und eine zu lange Wartezeit für Kinder. Sie wünschen, große Arbeiten zu vollbringen und ihre Tätigkeit direkt mit den Erzeugnissen der Natur in Verbindung zu bringen.

Zweifellos lieben Kinder Blumen, sie sind jedoch weit davon entfernt, sich damit zu begnügen, sich inmitten von Blumen aufzuhalten und ihre farbigen Blütenblätter zu betrachten. Kinder sind zutiefst zufrieden, wenn sie handeln, kennen lernen, entdecken können, auch unabhängig von äußerer Schönheit (Die Entdeckung des Kindes, S. 82).

Prüfen Sie es selbst, was Ihre angenehmste Arbeit oder Tätigkeit in der Natur ist? Ist es der Spaziergang? Ist es das Schlürfen durch dürres Laub? Ist es die Gartenarbeit, das Säen, das Ernten? Und dann beobachten Sie Ihr Kind. Was ist seine liebste Arbeit? Maria Montessori hat hierzu Beobachtungen aufgezeichnet: „Bei unseren Versuchen mit Kindern, die frei waren in der Wahl ihrer Tätigkeit, erhielten wir zahlreiche Hinweise, die sich von denen unterschieden, mit denen auch ich meine Arbeit begonnen hatte.

Die angenehmste Arbeit für das Kind ist nicht das Säen, sondern vielmehr das Ernten, das, wie bekannt, nicht weniger anstrengend ist. Das Ernsten, so kann man sagen, steigert dann das Interesse für das Säen, und je mehr einer das Ernten erfährt, desto stärker empfindet er den verborgenen Reiz des Säens.

Eine der schönsten Erfahrungen ergab sich beim Ernten von Getreide und Weintrauben; das Mähen eines Feldes voller Ähren, das Bündeln in Garben, die mit Bändern in lebhaften Farben zusammengehalten werden, war eindrucksvoll und konnte Anlass für herrliche Feste im Freien geben. Reben pflegen, Trauben säubern sowie schöne Früchte in Körbe legen, kann bei den verschiedenen Feiern praktiziert werden.

Alle Obstbäume eignen sich für ähnliche Arbeiten; die Mandelernte interessiert schon die Kleinsten, die dabei wirklich nützliche Arbeit leisten, da sie voller Eifer die heruntergefallenen Mandeln suchen und in Körbe sammeln. Unter Blättern verborgene Erdbeeren zu suchen, ist eine nicht minder willkommene Arbeit, als duftende Veilchen zu pflücken.

Das, was diese Erfahrungen beweisen, ist das Interesse für das Säen im Großen, wie zum Beispiel die Einsaat eines Kornfeldes mit allen dazugehörigen Handgriffen. Nur der Erwachsene kann die Furchen ziehen, aber die Kinder sind in der Lage, Samenkörner in verschiedene Häufchen aufzuschichten, sie auf die Körbe zu verteilen und dann in die Furchen zu streuen. Das Entstehen so vieler Striche von kleinen Saaten und blassen Halmen ist eine große Befriedigung für Auge und Geist. Die gleichmäßig verteilte Menge, diese Zeichnung langer, parallel verlaufender Linien, die sich von selbst färben, lassen das Wachstum anschaulicher erscheinen. Es scheint, als entstünde Grandioses durch das Summieren einzelner Fakten, die für sich allein ohne besonderes Interesse sind. Die gelben Ähren, die sich im Winde wiegen und langsam bis in Schulterhöhe der Kinder wachsen, begeistern die kleine, auf die Ernte wartende Schar. Obwohl unser Säen und Pflanzen eine eucharistische Zielsetzung hatte, konnten wir doch feststellen, dass das Leben des Feldes den kleinen Kindern besser entspricht, als die Philosophie und der Symbolismus von Blumen.

Auch die wohlriechenden Kräutergärtchen sind von praktischem Interesse, wobei die Tätigkeit des Kindes darin besteht, Kräuter mit verschiedenem Geruch zu suchen, zu unterscheiden und auszuwählen. Die Übung, ähnliche Dinge voneinander zu unterscheiden und einen Geruch anstatt einer Blume zu suchen, ist feiner, erfordert größere Anstrengungen und löst das Gefühl aus, etwas Verborgenes zu entdecken.

Natürlich interessieren Blumen ebenfalls, doch ist Blumen pflücken viel naturwidriger als ernten von Früchten, die uns der Boden auf dem Wege über die Blumen schenkt. Denn diese Blumen scheinen eher die Insekten als den Menschen um Hilfe für eine ewige Mission anzurufen. In der Tat setzen sich zu geistiger Befriedigung erzogene Kinder häufig neben Blumen, um sie zu bewundern, doch plötzlich erheben sie sich und suchen eine Tätigkeit, denn gerade durch die Tätigkeit bringen sie die an Schönheit reichen Knospen ihrer eigenen kleinen Persönlichkeit zum Aufbrechen (Die Entdeckung des Kindes, S. 83 ff).

Also machen wir die Natur zu einem Erziehungsinhalt in unserem Leben und erheben wir die Naturbegegnung in unserem pädagogischen Handeln zu einem Grundprinzip!

Die Aufgabe der Eltern

• • • •

Was wären Grundsätze oder Prinzipien, wenn sie nur irgendwo fixiert werden und die Personen, die am engsten mit dem Kind verbunden sind, die Grundsätze nicht absorbiert haben? Sie müssen die Gedanken Maria Montessoris für sich annehmen können, sich mit ihrer Anthropologie auseinander setzen, wenn Sie sie umsetzen wollen. Maria Montessori macht zur Rolle der Eltern genaue Ausführungen und sie geht dabei nicht nur sanft mit den Eltern (oder generell mit den Erwachsenen) um:

„Die Eltern sind die Wächter des Kindes, aber nicht seine Bauherren. Sie müssen es pflegen und beschützen im tiefsten Sinne dieser Worte, gleich einem, der eine heilige Aufgabe übernimmt, die über die Anliegen und Begriffe des äußeren Lebens hinausreicht. Die Eltern sind übernatürliche Wächter wie die Schutzengel, von denen die Religion spricht, und sie unterstehen ausschließlich und unmittelbar dem Gebot des Himmels, sind stärker als alle menschliche Autorität und mit dem Kind durch Bande vereint, die unlöslich sind, mögen sie auch unsichtbar sein. Zu solcher Aufgabe müssen die Eltern die Liebe, die von der Natur ihnen in die Seele gelegt wurde, läutern, und sie müssen verstehen, dass diese Liebe der bewusste Teil eines noch tieferen Gefühls ist, das nicht durch Egoismus oder Trägheit des Herzens verdorben werden darf. Die Eltern müssen mit Offenheit und Bereitschaft dem brennendsten Sozialproblem begegnen: Ich meine den Kampf um die Anerkennung der Rechte des Kindes.

Viel ist in letzter Zeit von den Menschenrechten gesprochen worden, besonders vom Recht des Arbeiters; nun aber ist der Augenblick da, in dem von den Sozialrechten des Kindes die Rede sein muss. Die Arbeitsfrage legte den Grund zu sozialen Veränderungen, lebt doch die Menschheit einzig und allein von der menschlichen Arbeit; also hing von der Lösung jenes Problems das materielle Leben der gesamten Menschheit ab. Wenn aber der Arbeiter das erzeugt, was der Mensch verbraucht – ein Hervorbringen äußerer Dinge –, so erzeugt das Kind nichts Geringeres als die Menschheit selbst, und darum verlangt die Rücksicht auf seine Rechte umso dringendere soziale Umgestaltungen. Es bedarf keines Hinweises, dass die Gesellschaft den Kindern die vollkommenste und weiseste Fürsorge angedeihen lassen müsste – denn sie sind es doch, von denen wir mehr Energie und größere Möglichkeiten für die Menschheit von Morgen erhoffen.

Dass die Rechte des Kindes vergessen und missachtet worden sind, dass man das Kind misshandelt, ja zu Grunde gerichtet hat, dass man auch weiterhin seinen Wert, seine Macht und seine Natur verkennt, dies alles sollte der Menschheit Anlass zu ernsthafter Besinnung werden (Kinder sind anders, S. 290ff).

Versteckt in diesen Ausführungen sind nahezu alle Grundsätze, über die Sie vorher in diesem Buch gelesen haben. Und ganz besonders ist das Profil der „neuen" Eltern dargestellt: „Wenn Eltern und Kinder miteinander in Konflikt geraten, so hat dies Folgen: „Der Konflikt zwischen Kindern und Erwachsenen hat Folgen, die sich endlos über das ganze menschliche Leben hin ausbreiten, den Wellen vergleichbar, die von der Einwurfstelle eines Steins sich bis an die äußersten Ränder des Wasserspiegels fortpflanzen. Im einen wie im anderen Fall handelt es sich um Schwingungen, die konzentrisch nach allen Richtungen hin auslaufen (Kinder sind anders, S. 255).

Deshalb möchte ich Sie als Eltern, Erzieher, Erwachsene motivieren, Ihre Aufgabe anzunehmen und einige der Grundsätze Maria Montessoris zu den Ihren zu machen. Die Kinder werden es Ihnen danken!
Maria Montessori wandte sich aber nicht nur an die Eltern, sondern sie entwickelte auch Gebote für die Erzieher des jungen Kindes im „Kinderhaus" – und das sind dann „zwölf Gebote":
„Was sollen die Lehrer, der zur Läuterung des Dienstes am sich entwickelnden Leben bereit sind, dort ‚aktiv' tun, wo für die Kinder eine ihnen angemessene Umgebung geschaffen worden ist?
1. Die Lehrer haben zunächst eine Pflicht materieller Ordnung: Minutiös die Umgebung zu prüfen, so dass sie sich sauber, glänzend, geordnet darstellt; die Folgen der Abnutzung durch den Gebrauch beheben, ausflicken, neu bemalen oder

auch für anziehenden Schmuck sorgen. ‚Wie es ein treuer Diener tut, der das Haus in Erwartung seines Herrn vorbereitet.'
2. Der Lehrer muss den Gebrauch der Dinge lehren, ausführend zeigen, wie sich die Übungen des praktischen Lebens vollziehen: Und dies mit Anmut und Genauigkeit, damit alles in der Umgebung Befindliche von dem benutzt werden kann, der es wählt.
3. Der Lehrer ist ‚aktiv' wenn er das Kind mit der Umgebung in Beziehung bringt: Er ist ‚passiv', wenn diese Beziehung erfolgt ist.
4. Er muss die Kinder beobachten, damit ihre Kraft sich nicht vergebens verflüchtigt, wenn eines verborgene Geräusche sucht, oder eines der Hilfe bedarf.
5. Er muss herbeieilen, wohin er gerufen wird.
6. Er muss zuhören und antworten, wenn er dazu eingeladen wird.
7. Er muss das Kind, das arbeitet, respektieren, ohne es zu unterbrechen.
8. Er muss das Kind, das Fehler macht, respektieren, ohne es zu korrigieren.
9. Er muss das Kind respektieren, das sich ausruht und das den anderen bei der Arbeit zusieht, ohne es zu stören, ohne es anzurufen, ohne es zur Arbeit zu zwingen.
10. Er muss aber unermüdlich versuchen, demjenigen Kind Gegenstände anzubieten, das es schon einmal abgelehnt hat; das zu unterweisen, das noch nicht verstanden hat und Fehler macht.

Und dies, indem er die Umgebung mit seinem Sor- gen belebt, mit seinem bedachten Schweigen, mit seinem sanften Wort, mit der Gegenwart jemandes, der liebt.
11. Der Lehrer will mit seiner Gegenwart das Kind spüren lassen, das sucht; sich verbergen dem, das gefunden hat.
12. Der Lehrer erscheint dem Kind, das seine Arbeit vollendet und frei seine eigene Kraft erschöpft hat, und bietet ihm schweigend seine Seele an, wie einem geistigen Gegenstand" (Spannungsfeld Kind – Gesellschaft – Welt, S. 88f).

Schlusswort

•••●

Zehn Grundsätze des Erziehens aus der Fülle der Gedanken Maria Montessoris habe ich für Sie ausgewählt. Es ist wichtig, dass man immer wieder auf Montessoris Aussagen zurückgreift. Jede Interpretation ist immer subjektiv und führt teilweise ganz weit weg von Montessoris eigentlichen Gedanken. Deshalb soll dieses Buch auch dazu beitragen, dass Sie Interesse und vielleicht auch Freude daran finden, noch mehr von Montessori zu lesen und für Ihren Erziehungsalltag nutzbar zu machen.

Einmal begonnen, greifen Sie immer wieder zu ihren Texten. Sie sind anschaulich, zeitlos, einleuchtend, ihre Beispiele gehen zurück auf Beobachtung oder Erprobung. Es sind somit keine Rezepte, die Sie anleiten sollen, wie genau Sie welchen Schritt im Erziehungsalltag am besten vollziehen. Vielmehr sollen Ihnen die Texte helfen, Ihr eigenes Erziehungsverhalten zu reflektieren, Ihr Kind zu beobachten und dann Konsequenzen für Ihr eigenes Handeln zu ziehen. In diesem Sinne wird Ihnen die Pädagogik Maria Montessoris eine erfolgreiche unterstützende Hilfe sein.

Literatur

Rita Kramer, Maria Montessori, Frankfurt 1997
Maria Montessori, Dem Leben helfen, Freiburg 1992
Maria Montessori, Die Entdeckung des Kindes, Freiburg 1969
Maria Montessori, Kinder sind anders, Stuttgart 1971
Maria Montessori, Schule des Kindes, Freiburg 1976
Maria Montessori, Schrifttum und Wirkungskreis, Grundgedanken der Montessori-Pädagogik, Freiburg 1967
Maria Montessori, Das kreative Kind, Freiburg 1972
Paul Oswald und Günter Schulz-Benesch Hrsg., Grundgedanken der Montessori-Pädagogik, Freiburg 1967
A. Clay Shouse in Fthenakis/Textor, Pädagogische Ansätze im Kindergarten, Weinheim/Basel 2000
Maria Montessori, Spannungsfeld Kind – Gesellschaft – Welt, Freiburg 1979

Erziehen mit Maria Montessori

Maria Montessori
Kinder lernen schöpferisch
Die Grundgedanken für den Erziehungsalltag mit Kleinkindern
Band 5041
Vom Kind aus denken! Dieser Ansatz der Pädagogin und Begründerin der Montessori-Schule hilft Eltern, Kinder als eigenständige Individuen zu fördern.

Maria Montessori
Kinder richtig motivieren
Hg. und eingeleitet von Ingeborg Becker-Textor
Band 5091
Die Texte Maria Montessoris machen deutlich, wie man schon frühzeitig richtige Impulse setzen kann.

Maria Montessori
Kinder, Sonne, Mond und Sterne
Kosmische Erziehung
Hg. von Ingeborg Becker-Textor
Band 4781
Mit Staunen nehmen Kinder die großen und die kleinen Dinge des Kosmos wahr. Wie sie Verständnis für die Ganzheit der Welt entwickeln können, zeigen die Texte der großen Pädagogin.

Maria Montessori
Wie Kinder zu Konzentration und Stille finden
Hg. von Ingeborg Becker-Textor
Band 4597
Elementar, tief und praktisch: Übungen für Kinder.

Maria Montessori
Wie Lernen Freude macht
Kreativ mit Montessori-Materialien umgehen
Hg. von Ingeborg Becker-Textor
Band 4707
Praktische Tipps, die Kindern die Freude am Lernen spielerisch vermitteln.

HERDER spektrum

Erziehen ist kein Kinderspiel

Gerda Wichtmann
Kinder brauchen Orientierung
Ein praktischer Ratgeber nach Maria Montessori
Band 5059
Kinder brauchen Freiräume, aber auch feste Regeln, um sich gut zu entwickeln. Viele Beispiele aus dem Erziehungsalltag zeigen, wie dies gelingen kann.

Detlev Vogel
Montessori-Erziehung – wie geht das?
Band 4950
Ein Handbuch für Eltern, Lehrer und Erzieher, in dem der Autor die Grundlinien der Montessori-Erziehung nachzeichnet.

Klaus Hurrelmann/Gerlinde Unverzagt
Kinder stark machen für das Leben
Herzenswärme, Freiräume, klare Regeln
Band 4937
Das „magische Dreieck", das Eltern hilft, innere Stärke und Selbstständigkeit an ihre Kinder weiterzugeben.

Daniela Liebich
Mit Kindern richtig lernen
Ein Ratgeber für Eltern
Band 4787
Spaß ist eine wesentliche Voraussetzung für erfolgreiches Lernen. Die Autorin zeigt: Spielerisches Lernen löst Blockaden auf.

Walter Pacher
Wenn Kinder ihre Macht erproben
Freiheit lassen und Grenzen setzen
Band 4793
Der erfahrene Gordon-Trainer zeigt, wie ohne Niederlagen Konflikte und Probleme gelöst werden können.

HERDER spektrum

2.20